EL ARTE DE LA FELICIDAD

ALFRED SONNENFELD

EL ARTE DE LA FELICIDAD

MENTE, CEREBRO Y GENES. HERRAMIENTAS PARA SU BUEN USO

ALMUZARA

© Alfred Sonnenfeld, 2023
© Editorial Almuzara, s.l., 2023

Primera edición: febrero de 2023

Editorial Almuzara • Desarrollo Personal
Director editorial: Antonio Cuesta
Editora: Ángeles López
Corrección: Natalia Herraiz Troncoso
Maquetación: Joaquín Treviño

www.editorialalmuzara.com
pedidos@almuzaralibros.com - info@almuzaralibros.com

Editorial Almuzara
Parque Logístico de Córdoba. Ctra. Palma del Río, km 4
C/8, Nave L2, nº 3. 14005 - Córdoba

Imprime: Gráficas La Paz
ISBN: 978-84-11314-69-5
Depósito legal: CO-4-2023
Hecho e impreso en España - *Made and printed in Spain*

Nunca es demasiado tarde para sanar.

ÍNDICE

INTRODUCCIÓN

No podemos resolver los problemas usando el mismo tipo de pensamiento que usamos cuando se crearon.

ALBERT EINSTEIN

Cada día, al despertar, tenemos que enfrentarnos a una de las actividades más importantes del ser humano: tomar decisiones. Lo primero que hacemos al abrir los ojos puede influir en el resto del día. La actitud que tomemos hará que nuestros genes se activen, favoreciendo o perjudicando nuestra salud. Descubrir este hecho supuso un antes y un después en el mundo de la ciencia.

Hoy sabemos que el tabaco, el consumo inmoderado de alcohol o ciertas formas de estrés actúan sobre nuestros genes provocando diferentes enfermedades. Pero ¿podemos afirmar también que nuestro estado de ánimo o nuestra actitud ante la vida afecta a nuestros genes? ¿Cómo repercute la falta de amor en mi salud? ¿Por qué el desamor nos hace enfermar? ¿Qué ocurre en nuestro cerebro si somos tratados como objetos que han de cumplir las expectativas de otras personas?

¿Cómo afecta la exclusión social a mi cerebro y mi cuerpo? De estas realidades y de estos procesos, íntimamente relacionados con nuestra salud y, a medio plazo, también con nuestra felicidad, es de lo que queremos hablar en este libro.

Percibimos que estamos ante un tiempo de cambios y transformaciones. ¿Cómo será el mundo del mañana?, ¿tenemos herramientas adecuadas para afrontar los diferentes retos que se nos van presentando? La buena noticia que llega de la mano de la neurobiología es que nuestro cerebro está capacitado para aprender y cambiar constantemente, adaptándose a los pequeños o grandes retos de la vida. El cerebro goza de una gran plasticidad —neuroplasticidad, es el término científico—, es maleable y moldeable, con gran capacidad de adaptación ante las nuevas circunstancias, incluso en edades muy avanzadas.

Pero para ello es preciso que, frente a las nuevas situaciones que se nos presenten, no permanezcamos pasivos, ya que entonces correríamos el riesgo de estancarnos, sin convertirnos en lo que podríamos llegar a ser. Hay que aprender a vivir ilusionados y entusiasmados, liberados de cansancios y desencantos, sabiendo disfrutar de la vida, algo que se nota y manifiesta en el lenguaje vivo de los ojos o en la frescura de la sonrisa. Así, estaremos en condiciones de adquirir las herramientas necesarias para superar los retos del día a día.

Como bien decía el gran filósofo griego Heráclito de Éfeso, «todo fluye, nada permanece», y si no sabemos adecuarnos a los cambios, seremos arrastrados por los vaivenes de la vida, tal y como describe el gran poeta alemán, Johann Wolfgang von Goethe con gran acierto: «Mientras no estés dispuesto a cambiar, es decir a morir para vivir, no serás más que un invitado turbio y problemático en esta tierra oscura».

Muchas personas que han aprendido lo que podríamos denominar el *arte de vivir*, consiguen adaptarse a los cambios y, de este modo, logran gozar de una salud privilegiada. Sin embargo, hay otras que no saben reaccionar ante las exigencias de la vida, alejando de sí la felicidad. Les falta el deseo profundo de aprender nuevas cosas, de cambiar y de adaptarse a las nuevas realidades. En su cerebro se han forjado ciertas «representaciones mentales» que las atan y encierran, recurriendo una y otra vez a hábitos monótonos y repetitivos, como si viviesen bajo el control de un piloto automático. En muchas ocasiones, al carecer de la alegría que se proyecta en el futuro, no salen de su zona de confort para afrontar los nuevos retos. Estas dos actitudes hacen que volvamos a preguntarnos cómo queremos abordar nuestro futuro: ¿desperdiciando las oportunidades o sabiendo ver en las dificultades oportunidades?

También pretendemos aclarar en este libro que para ser felices hemos de tener en cuenta las señales de nuestro cuerpo, ya que no solo nuestro espíritu nos orienta hacia la bondad y, por lo tanto, la felicidad, sino también nuestra biología.

Las personasególatras que tratan de justificar su egoísmo mediante enrevesados razonamientos son muy distintas de aquellas otras que, al tender hacia la bondad y comprensión, saben disfrutar de verdad de la vida. Porque es precisamente esta actitud, contraria a comportamientos antisociales como la indiferencia, la envidia, el rencor o la violencia, la que más se adecúa a la naturaleza humana. Una actitud prosocial que nos lleva a vivir pensando en cómo hacer la vida agradable a los demás, buscando en todo momento ser buenas personas mediante la práctica de las virtudes.

Este estilo de vida tiene una repercusión sobre nuestros genes, haciendo que se activen en nuestro cerebro patrones neuronales que influyen poderosamente sobre nuestra salud. Esto es así, según el gran genetista y experto en medicina psicosomática Joachim Bauer,[1] porque los genes no son egoístas, no están encerrados con llave, no actúan independientemente del estilo de vida que llevemos. Estamos destinados, por naturaleza, a llevar una vida que sea buena y esto incluye, además de a nuestros genes, a todo nuestro ser.

Además, abordaremos en este libro los numerosos estudios científicos que revelan que un ambiente familiar estresante produce un impacto negativo sobre el desarrollo del niño. Veremos cómo el humor de los padres, o un estilo de vida perjudicial, con frecuentes ataques de ira o gestos intimidantes, afecta al sistema inmunológico del niño, y las defensas naturales contra todo tipo de enfermedades disminuyen drásticamente.

En las últimas décadas, varios trabajos de investigación han puesto en evidencia el nexo entre violencia y

---

1   Joachim Bauer, *Das kooperative Gen. Evolution al kreativer Prozess*, Múnich, 2010 y del mismo autor, *Prinzip Menschlichkeit. Warum wir von Natur aus kooperieren*, Múnich, 2008.

estrés, de modo especial en los primeros años de vida,[2] con alteraciones en la estructura y función cerebrales, alteraciones psiquiátricas, cognitivas y afectivas. La psicología infantil puede verse afectada de forma importante por su entorno, sobre todo el familiar. Cuando los niños son pequeños, el mundo de los adultos es un misterio que a veces puede parecer oscuro. No entienden las palabras que los mayores intercambian entre sí, ni el sentido de sus decisiones y acciones, ni las causas de sus cambios de humor, de sus cóleras repentinas. No pueden comprender por qué un diálogo tranquilo puede desencadenar una sucesión de gritos, portazos o lanzamiento de objetos.

¿Qué queremos decir con esto y qué podemos aprender de estas situaciones? Sencillamente que, si consigo adquirir una actitud interior que esté enfocada hacia una vida con un sentido profundo, esto tendrá una repercusión no solamente sobre mi buena salud física o psíquica, sino también sobre la salud de los que me rodean y, además, me facilitará superar mejor los retos de la vida. De este modo, estaremos en condiciones de ver el futuro con mucha más serenidad, ilusión y, sobre todo, esperanza. Y es precisamente esta actitud magnánima ante la vida la que nos va a permitir desarrollar los grandes potenciales de los que disponemos, muchas veces sin darnos cuenta de ello.

---

2   Susan D. Hillis, James A. Mercy y Janet R. Saul, «The enduring impact of violence against children», en *Psychology, Health & Medicine*, 22 (4), abril de 2017, pp. 393-405.

Porque lo que queremos dejar muy claro, como dijo Platón en su *Critón* hace más de dos mil años, es que: «No se trata tan sólo de vivir, sino de vivir bien».

— 1 —

FACILITA QUE TUS GENES ACTÚEN SALUDABLEMENTE

¡Los genes no son el destino!
BRUCE HAROLD LIPTON

Úsalo o piérdelo, en alusión a la importancia de mantener el cerebro activo, estimulado, desafiado, aprendiendo.
MARIAN DIAMOND

Llevar un estilo de vida saludable

Llevar un estilo de vida saludable, tal y como sabemos en la actualidad, disminuye notablemente la posibilidad de padecer ciertas enfermedades, como las cardiovasculares, las cerebrovasculares o diferentes tipos de demencia. Pero ¿qué significa llevar una vida saludable? Saber vivir serenamente —sin caer en la trampa, tan ilusa como fatídica, de un activismo febril—, cuidando las relaciones sociales, apasionándonos por nuestras cosas, siendo capaces de gestionar debidamente el estrés cotidiano, cuidando la dieta, dedicando al ejercicio físico y al sueño el tiempo necesario.

Todo esto, y más cosas de las que hablaremos en este libro, tendrán una influencia positiva sobre nuestra salud.

Una de las equivocaciones más persistentes durante los últimos decenios consistió en pensar que la actuación de las personas, ya sean niños o adultos, vendría determinada de modo excluyente por sus genes. Si así fuera, el programa genético haría superflua toda influencia del mundo exterior. Esta afirmación nos llevaría a concluir, fatalmente, que las capacidades del ser humano se desarrollarían por sí solas. Pero los conocimientos científicos nos enseñan lo contrario. Los genes no son «autistas», no están encerrados con llave, sino que la inmensa mayoría son cooperadores y comunicadores; su actividad depende eminentemente de las señales que reciban desde fuera y desde dentro del sujeto. Esto quiere decir que el ser humano, desde el punto de vista de los genes, no está determinado para llevar una vida egoísta sino para llevar una vida prosocial y llena de sentido.

Recordemos que los genes son segmentos (trozos o porciones) de la cadena de ácido desoxirribonucleico (ADN, con su forma característica de una doble hélice) que contiene la información necesaria para la formación (síntesis) de diferentes proteínas. Un gen define ciertos rasgos o características en un individuo, que provienen de sus progenitores. Se puede definir el genoma humano como el total de la información genética que posee un organismo en particular. El genoma humano está compuesto por un total aproximado de 23 000 genes contenidos en 23 cromosomas. El número de proteínas del ser humano es de aproximadamente 30 000. Se trata de un número superior al de los genes por la sencilla razón de que un buen número de genes tienen la capacidad de dar las órdenes necesarias para que se construya (en genética se conoce este proceso con el nombre de exprimir) más de una proteína.

Los genes no actúan de modo egoísta

Habíamos dicho que los genes no actúan de un modo egoísta. Conviene destacar esta afirmación ya que en el año 1976 el zoólogo y divulgador científico británico, Richard Dawkins, escribió un libro titulado *El gen egoísta*, en el que podemos leer: «Somos máquinas de supervivencia, autómatas programados a ciegas con el fin de perpetuar la existencia de los genes egoístas que albergamos en nuestras células».[3] Este libro tuvo un gran impacto en su tiempo; sin embargo, el autor nunca ha trabajado con genes y sus afirmaciones son falsas, ya que no se apoyan en conocimientos científicos.[4] Como bien apunta el experto en esta materia, Joachim Bauer, los nuevos conocimientos científicos demuestran que los genes son «comunicadores» y «cooperadores» y, por lo

---

3   Richard Dawkins, *El gen egoísta. Las bases biológicas de nuestra conducta*, Barcelona, 1993, p. 9.
4   Joachim Bauer, *Das empathische Gen. Humanität, das Gute und die Bestimmung des Menschen*, Friburgo de Brisgovia, 2021, p. 19.

tanto, el ser humano, desde el punto de vista genético, está determinado para llevar una vida prosocial y llena de sentido.[5]

Además, conviene recordar que los genes no se transmiten inalterablemente de generación en generación. Lo que cuenta no es tanto el ADN y su configuración, sino lo que les rodea. Pero lo decisivo para la vida es saber qué genes están encendidos y cuáles apagados, también podríamos decir activos o desactivados. Randy Jirtle, un investigador estadounidense de la Universidad Duke en Durham, Carolina del Norte, ha verificado con su equipo numerosas pruebas palpables y, sobre todo, visibles de este hecho.[6] El genoma humano hace que tendamos a ser de cierta manera, pero es nuestra forma de vivir la que activa o desactiva determinados genes. En definitiva, el modo en que vivamos determina nuestra manera de ser.

Jirtle es un reconocido experto en epigenética, una disciplina que ha aportado nuevos conocimientos para la salud del ser humano. La diferencia entre genética y epigenética podría compararse con la que existe entre escribir y leer un libro. Una vez que el libro ha sido escrito, el texto (los genes) será el mismo en todas las

---

5   *Ibídem*, p. 20: «Gene sind Kommunikatoren und Kooperatoren. Gestützt auf Experimente, die in den letzten Jahren dazu durchgeführt wurden, werde ich darlegen, dass der Mensch "aus der Sicht de Gene" nicht für ein egoistisches, sondern für ein Sinngeleitetes, prosoziales Leben bestimmt ist».

6   Randy Jirtle y Frederick Tyson (ed.), *Environmental Epigenomics in Health and Disease: Epigenetics and Complex Diseases*, Heidelberg, 2013.

copias. Sin embargo, cada lector interpreta la historia del libro de formas variadas, según sus diferentes emociones y proyecciones, que pueden ir cambiando a medida que se desarrollan los capítulos.

Podemos, por tanto, concluir que, del mismo modo que una buena alimentación contribuye a nuestra salud, o la leche materna al buen desarrollo del recién nacido, así lo hacen también las buenas relaciones sociales. Por naturaleza el ser humano, desde su nacimiento, está orientado hacia unas relaciones parentales y sociales satisfactorias. Hoy sabemos que para el buen desarrollo del niño necesitamos tanto la leche materna como su buena atención relacional. Es precisamente esta buena atención la que hace que se activen y actúen ciertos genes importantes para su buen desarrollo.

Los nuevos conocimientos neurobiológicos nos indican que el recién nacido demanda, para calmarse y tranquilizarse, un ambiente que le regale cariño. La causa de este hecho es muy sencilla: nada más nacer, el sistema antiestrés del niño todavía está bloqueado. Las muestras de afecto y de cariño, la atención constante, hacen que desaparezcan estas barreras, activando los sistemas antiestrés que le protegen. Durante los dos primeros años, el niño depende más que nunca de una relación «diádica», persona a persona, lo que equivale a decir que necesita una relación muy personalizada con su padre, madre o cuidadores. De este modo se irá formando convenientemente su «yo» y los genes se activarán cooperando para su buen desarrollo.

El proceso que acabamos de describir lo demostró el neurobiólogo canadiense Michael Meaney,[7] de la Universidad McGill de Montreal, al comprobar que a través de la atención empática y la dedicación cariñosa de la madre y del padre, así como de los abuelos y otras personas, se activan los genes contra el estrés. Si se les acuna, acaricia y atiende cariñosamente, se impide que se eleven los niveles de la hormona cortisol (de la que hablaremos al referirnos al estrés) que influiría negativamente en el desarrollo del niño.

Podemos afirmar, por tanto, que el trato cercano y cariñoso hacia los recién nacidos influye decisivamente para que el niño goce de una estabilidad emocional saludable y se pueda defender en la vida ante situaciones difíciles. En caso contrario, sería propenso a depresiones y otras muchas enfermedades. Se comprueba, de este modo, que ya desde muy pequeños dependemos en gran medida de las relaciones sociales. Durante los veinticuatro primeros meses el niño necesita de manera especial de una relación «diádica», persona a persona, para desarrollar convenientemente su «yo». El «yo» y el «otro» se iluminan recíprocamente y solo pueden entenderse en su interconexión de afecto y amor.

---

7   Ian C. G. Weaver, Nadia Cervoni, Frances A. Champagne, Ana C. D'Alessio, Shakti Sharma, Jonathan R. Seckl, Sergiy Dymov, Moshe Szyf y Michael J. Meaney, «Epigenetic programming by maternal behavior», en *Nature Neuroscience*, 7, 2004, pp. 847-854.

Yo me hago gracias al tú

El gran filósofo judío Martin Buber (1878-1965) dedicó sus estudios a la comunicación entre personas. Siendo muy pequeño, sus padres se separaron, quedándose él a vivir con los abuelos. Tal vez este hecho le marcó, y de ahí su temática vital: el encuentro. Su principal empeño fue el de destacar la importancia del diálogo, de la relación interpersonal, de los valores, de la verdad, de lo humano entre los hombres, algo que resumió en la frase: «Yo me hago gracias al Tú» (*Ich werde am Du*). Buber afirma que solo la presencia del Tú, permite al Yo desarrollarse eficazmente para poder afrontar mejor las vicisitudes de la vida. La realización solo ocurre a través del encuentro. Sin la ayuda y atención de los padres, familiares y cuidadores el desarrollo del recién nacido se resentiría y los niños acabarían muriendo. Necesitamos por lo general más de lo que pensamos, la ayuda de los demás. Un proverbio africano lo expresa gráficamente: «Se necesita todo un pueblo para educar a un niño».

Pero de momento tan solo queremos subrayar que los genes actúan de un modo u otro dependiendo no tanto de su constitución, de si son más o menos buenos, sino más bien del ambiente y, con ello, de las relaciones sociales. No es decisivo, por tanto, que el texto de los 23 000 genes que componen el genoma del ser humano sea bueno o menos bueno, sino que se actúe beneficiosamente sobre ellos para que sean convenientemente «exprimidos», es decir, para que segreguen las sustancias favorables para el cuerpo humano.

Para entenderlo mejor, veamos el siguiente símil. Imaginemos una orquesta. Los instrumentos, piano, violín, trompeta... serían el genoma humano. Aunque sean buenos instrumentos, sin la contribución de los intérpretes y el director de orquesta, no habrá concierto. El público no aplaude a un instrumento, sino a los virtuosos que los han tocado bien, quienes han logrado que la pieza musical resulte sublime. Utilizando términos científicos: lo decisivo es lo que se conoce con el nombre de «regulación genética».

— 2 —

ENVEJECER SALUDABLEMENTE

En cuanto empiezas a preocuparte por la edad, comienza a tener un efecto dañino en ti. Seguir un estilo de vida saludable es lo mejor que puedes hacer.

SALMA HAYEK

¿Por qué envejecemos de forma distinta?

Diana y Carolina están sentadas en un café y hablan sobre sus preocupaciones y sus alegrías. Son buenas amigas y ambas acaban de cumplir cincuenta años. Diana habla de lo cansada que se encuentra. Nota que sus defensas inmunológicas son bajas ya que con frecuencia sufre catarros, arritmias del corazón, dolores de cabeza, falta de respiración repentina, así como diferentes dolores debidos a otras enfermedades. No es justo, le dice a Carolina, tenemos la misma edad, pero yo parezco más vieja. Y tiene razón. Las dos tienen la misma edad, pero biológicamente Diana tiene un buen número de años más.

¿Significa esto que Carolina utiliza cremas *anti-aging* muy eficaces, o que se ha sometido a tratamientos dermatológicos con láser? ¿Acaso tiene buenos genes? Nada de eso. Carolina es viuda desde que perdió a su marido como consecuencia de un accidente de coche. Ahora, igual que Diana, es madre soltera. No le sobra el dinero y a la empresa en la que trabaja no le va bien.

¿Por qué envejecen estas dos mujeres de manera tan diferente? ¿Por qué hay gente que se mantiene lúcida y enérgica en la vejez mientras que otros, mucho más jóvenes, enferman, se agotan y tienen los sentidos ofuscados? La respuesta es sencilla. Las células de Diana envejecen de manera prematura. Aparenta tener una edad bastante más avanzada de la que tiene porque ha comenzado a sufrir una serie de dolencias asociadas al envejecimiento —enfermedades cardiovasculares, artritis, sistema inmunológico debilitado, diabetes, cáncer, enfermedades pulmonares, etc.

Antiguamente se explicaba la situación de Diana diciendo que habría heredado de sus padres ciertos genes de modo fijo y definido. Ha tenido mala suerte, era la conclusión. Sin embargo, como ya hemos apuntado, los genes se activan y desactivan de acuerdo con nuestro estilo de vida. En realidad, tanto los genes que recibimos de manera natural como nuestro entorno y estilo de vida son factores importantes, y lo verdaderamente relevante es la interacción entre ambos. Por qué Diana y Carolina envejecen de forma distinta se debe a las complejas interacciones existentes entre los genes, las relaciones sociales y los entornos, los hábitos de vida y, sobre todo, en el modo de afrontar los retos que la vida les depara.

Las investigaciones del equipo de Elizabeth Blackburn[8] nos permiten hacer un viaje al interior de la célula, donde encontramos el núcleo que contiene los cromosomas, los cuales codifican el material genético. Los telómeros son como los escudos protectores del ADN de nuestras células. Su nombre, de origen griego, significa «parte final», y es que los telómeros se hallan en los extremos de los cromosomas, algo parecido a las fundas o puntas de plástico de los cordones de los zapatos. Cuanto más largos son, menos probabilidades hay de que el cordón se deshilache y salten las alarmas. Varios estudios científicos han concluido que los telómeros son más largos en aquellas personas capaces de concentrarse en lo que hacen que en las que son más propensas a la dispersión.[9]

Recordemos que los tejidos que componen los órganos del cuerpo humano están en constante renovación.

---

8   Me ciño en este capítulo a los excelentes trabajos de Elizabeth Blackburn y Elissa Epel plasmados en su libro *La solución de los telómeros*, Nueva York, 2021. En el año 2009 el premio Nobel de Medicina fue otorgado a Elizabeth Blackburn, Carol Greider y Jack Szostak por sus trabajos sobre el envejecimiento de las células y su relación con el cáncer. Recibieron el galardón por sus estudios sobre la telomerasa, una enzima que «protege a los cromosomas contra el envejecimiento», indicó el comité Nobel. El Instituto Karolinska de Suecia señaló que los tres científicos habían conseguido un gran avance en biología al encontrar una solución para evitar la degradación de los cromosomas. Dicha solución está en las terminaciones de los cromosomas, conocidas como telómeros, y en la enzima que los produce, la telomerasa. De esto hablaremos en las próximas líneas.

9   Elissa Epel y otros, «Wandering Minds and Aging Cells», en *Clinical Psychological Science* 1, 2013, pp. 75-83.

Unos, como el corazón o el cerebro, tienen una capacidad menor de regeneración celular. Otros órganos, como la piel o la sangre, trabajan tan rápidamente que en solo unas semanas han renovado completamente su sistema celular. Este proceso, al que debemos nuestra longevidad, no es gratuito y, con cada nueva división de las células, nuestros telómeros se acortan, dejando una muesca que contará hacia atrás en nuestra esperanza de vida.

A medida que nuestras células se dividen para multiplicarse y para regenerar los tejidos y órganos de nuestro cuerpo se va reduciendo la longitud de los telómeros, y por eso, con el paso del tiempo, se hacen más cortos. Los telómeros cortos en la sangre indican, a grandes rasgos, un cerebro envejecido y pueden contribuir a la aparición de la demencia y del alzhéimer. Por el contrario, si los telómeros son largos, significa que hay mayor número de divisiones celulares y esperanza de vida para el organismo que componen. Las células cuyos telómeros se han acortado extremadamente ya no pueden dividirse. Cuando esto sucede, se dice que han alcanzado el límite de Hayflick.

En 1961, el biólogo Leonard Hayflick descubrió que las células humanas corrientes son capaces de dividirse un número considerable de veces antes de morir. Se reproducen a través de un proceso conocido como «mitosis» siendo la velocidad inicial de reproducción muy elevada, lo que se denomina «crecimiento exuberante». Pero también observó Hayflick que hay células que dejan de dividirse, alcanzando un estado de «senescencia»: seguían estando vivas, pero ya no podían dividirse. Esto es lo que se conoce como límite de Hayflick y se produce porque los telómeros se han vuelto muy cortos.

Las células que se han convertido en senescentes o seniles, y que podríamos considerar desorientadas y exhaustas, no son inofensivas: si siguieran multiplicándose podrían ser la causa de la aparición de un cáncer. Al recibir las señales de manera confusa y no enviar los mensajes correctamente a las demás células, pueden actuar negativamente sobre nuestra salud. Cuando tenemos demasiadas células senescentes, el tejido de nuestro cuerpo empieza a envejecer. Tal como describen Blackburn y Epel,[10] si hay excesivas células senescentes en las paredes de los vasos sanguíneos, las arterias se endurecen y tenemos más probabilidades de sufrir un ataque cardíaco. Cuando los inmunocitos, las células defensivas que combaten las infecciones en nuestro torrente circulatorio, no son capaces de detectar la presencia de un virus por ser senescentes, somos más proclives a contraer un catarro o una neumonía.

En conclusión, cuando las células de nuestro organismo dejan de dividirse prematuramente, envejecen antes de tiempo. De este modo, al igual que le ocurre a Diana, nos hacemos viejos antes, y será difícil disfrutar de ocho o nueve décadas que podrían haber sido espléndidas.

---

10   Elisabeth Blackburn y Elissa Epel, o.c., 2021, pp. 29-30.

¿Podemos intervenir sobre nuestros telómeros?

Como ya hemos señalado, Elizabeth Blackburn, Carol Greider y Jack Szostak fueron galardonados en el año 2009 con el Premio Nobel de medicina por descubrir que la enzima telomerasa puede proteger a los cromosomas del envejecimiento. Pero, además, esta enzima puede hacer que los telómeros se regeneren y se prolonguen, evitando que se acorten con la división celular, lo cual contribuye a que se mantenga la juventud biológica de las células.[11]

La telomerasa es la enzima responsable de reparar el ADN que se pierde durante las divisiones celulares, ya que crea una y otra vez nuevas terminaciones en los extremos de los cromosomas y reemplaza aquellas que se han desgastado. Podemos decir que cada vez que una célula se divide, los telómeros se van acortando de manera gradual hasta que alcanzan un punto de crisis que indica a la célula que se detenga. Pero la telomerasa contrarresta ese acortamiento de los telómeros al añadirles ADN y volviendo a reconstruir el

---

11 Gran parte de las investigaciones sobre telómeros no tiene que ver con una aspiración estética de longevidad, sino con la cura potencial de enfermedades. Así, por ejemplo, la española María Blasco, que trabajó en Estados Unidos con Carol Greider, ahora es la directora del Grupo de Telómeros y Telomerasa del Centro Nacional de Investigaciones Oncológicas de España. Blasco lideró el desarrollo de una nueva técnica que bloquea la capacidad del glioblastoma, uno de los cánceres cerebrales más agresivos, para regenerarse y reproducirse, precisamente atacando los telómeros de las células cancerígenas.

extremo del cromosoma cada vez que se divide la célula. Esto significa que el cromosoma queda protegido y que se genera una copia exacta de este para cada célula, que de este modo podrá seguir renovándose. La telomerasa puede frenar, evitar o incluso invertir el acortamiento de los telómeros que conlleva la división celular. Así se pudo evitar el límite de Hayflick de la división celular.[12]

Después de estos descubrimientos muchos se preguntaban si la telomerasa podría usarse como un elixir de la inmortalidad —incluso hay anuncios en internet afirmando que es así—, pero esto no es cierto. Aunque tanto la telomerasa como los telómeros tienen propiedades que actúan contra enfermedades muy dañinas, no nos prolongan la vida de forma mágica. Es más, demasiada telomerasa puede aumentar el riesgo de padecer varias formas de cáncer.

Una vez más queremos hacer hincapié en que lo más importante y saludable es que nuestro modo de vivir, nuestros hábitos, nuestras costumbres y nuestros pensamientos sean los adecuados, ya que todos estos aspectos pueden influir de manera positiva modificando nuestros telómeros y nuestra telomerasa.

Contestar a una serie de cuestiones relacionadas con nuestra salud, tales como el estado de nuestra agudeza mental, la respuesta de nuestro cuerpo ante diversos virus o infecciones, el estado de nuestros huesos, la capacidad respiratoria o nuestra vitalidad e independencia,

---

12   Elisabeth Blackburn y Elissa Epel, o.c., 2021, pp. 29-30.

nos da una idea de nuestro grado de envejecimiento celular y nos informa de cómo prevenirlo y evitar su desarrollo.

Si una persona al llegar a los setenta años se apoltrona y se deja dominar por una actitud pasiva ante la vida, pronto se deslizará por el camino que conduce a las enfermedades típicas de la vejez. «No tengo ilusión por nada», suele decirse, y esta carencia es interpretada como una anomalía, como un preludio de enfermedad, porque empieza a vivirse la vida como una carga, que puede hacerse insoportable si por las ventanas de la ilusión y del entusiasmo no entra la fuerza necesaria para mirar con alegría el futuro.

Ahora imaginemos otro futuro, el de una persona llena de interés por las cosas de este mundo, que sabe captar los signos de los tiempos, que cuida los vínculos humanos, que suele hacer ejercicio físico diario, que se alimenta de acuerdo con una dieta saludable, que sabe manejar el estrés y que duerme bien. Nos encontraremos entonces con alguien ilusionado, capaz de construir el puente que lleva desde la orilla del deseo a la de la realidad. La ilusión da fuerza a la voluntad y quita cansancio al esfuerzo,[13] y consigue que se alarguen los telómeros. Quizá, al llegar a los ochenta, tenga el cabello blanco, arrugas y la espalda encorvada, aun así su rostro irradiará vida e inteligencia.

---

13   Miguel-Ángel Martí García, *La Ilusión. La alegría de vivir*, Madrid, 2006, pp. 28-40.

Sentirse joven no es lo mismo que desear ser más joven. La gente que anhela ser cronológicamente más joven, suele ser más infeliz y estar más insatisfecha con su vida. Ansiar y pretender la juventud es, en realidad, lo contrario a aceptarnos a nosotros mismos —la principal tarea que hemos de adquirir con el paso de los años—, con nuestros defectos y nuestros errores, aunque sin dejar de esforzarnos y de poner todos los medios por conservar la buena forma física y mental.[14]

14   Elisabeth Blackburn y Elissa Epel, o.c., 2021, p. 65.

— 3 —

ROBUSTECER NUESTRAS FUERZAS AUTOCURATIVAS

> El entusiasmo es la madre del esfuerzo, y sin
> él jamás se consiguió nada grande.
>
> Ralph Waldo Emerson

Autodefenderse y autocurarse

Está claro que llevar un estilo de vida saludable permite que nuestros telómeros se mantengan largos y que nuestros genes se activen de tal modo que las células del sistema inmunológico elaboren buenas defensas y, de este modo, puedan evitar muchas enfermedades. Pero, además, el cuerpo gozará no solo de mejores recursos para autodefenderse sino también para autocurarse. Con este concepto queremos subrayar que, para disfrutar del encanto y magia de la vida, no basta con que todo funcione y pueda ser controlado debidamente, sino que, por estar incorporados al gran flujo de la vida, los organismos vivientes somos capaces de reorganizarnos constantemente, o, quizás podamos decir con mayor precisión: podemos reinventarnos una y otra vez.

El organismo humano se renueva continuamente, haciendo desaparecer las células moribundas que han terminado sus tareas, y creando nuevas células que sustituyen a las anteriores. Nuestro organismo, en la inmensa mayoría de los casos, es capaz de sanarse por sus propios medios, dando sentido al axioma *medicus curat, natura sanat,* es decir, el médico ha de valerse de sus conocimientos y habilidades para que la naturaleza sane al paciente. Sin embargo, podemos perder esas capacidades autocurativas si nuestros genes no son activados convenientemente. Enfermamos si nuestra capacidad de autocuración está tan debilitada que el organismo, visto en su totalidad, ya no es capaz de compensar los efectos nocivos que desestabilizan la interacción saludable entre todas sus partes. En estos casos, al fracasar nuestra propia naturaleza en su cometido de defendernos y de autocurarnos, ya no serían suficientes los cuidados médicos, ni los antibióticos ni los fármacos.

El gran médico griego Hipócrates, nacido en la isla de Cos en el año 460 a. C., fundó una escuela basada en el principio del «poder curativo de la naturaleza» (*vis medicatrix naturae*), según el cual, el organismo humano tiene el poder de defenderse y de sanarse. Los enfermos se trataban en un ambiente de paz y serenidad, con una buena alimentación y aire puro, con cuidados higiénicos y ejercicio físico. Sin embargo, el modo de pensar hipocrático ha dejado paso a una medicina más invasiva e intervencionista. En muchos casos interesa más el tratamiento farmacológico y quirúrgico que consigue eliminar eficazmente los síntomas, pero sin buscar realmente las causas que han provocado las enfermedades.

En el siglo pasado, con demasiada frecuencia, nos hemos dejado influir por un modelo que consideraba el organismo humano casi como una máquina especialmente complicada, que debería funcionar perfectamente. Se pensaba que las disposiciones y programaciones genéticas, de un modo parecido a las planificaciones para la construcción de casas, coches o aviones, serían las únicas responsables de que se formasen de modo preciso los diferentes órganos y sistemas orgánicos. De este modo, con el paso de los años se irían gastando las «piezas» integrantes del organismo humano hasta que fuese necesario cambiarlas, recomponerlas o sustituirlas, tal y como ocurre con las máquinas mediante las reparaciones necesarias. Así, se suponía que cualquier «avería» corporal podría ser corregida o arreglada por la reparación correspondiente.

Sin embargo, este modo de pensar dificulta la comprensión de que el organismo humano, al igual que todo organismo viviente, tiende por naturaleza a adquirir un estado de armonía interior[15] en el que todos los órganos se entrelazan cumplidamente entre sí, alcanzan-

---

15 El fisiólogo y médico francés Claude Bernard (1813-1878) acuñó el concepto de «medio interno». Según él, los organismos vivos se encuentran en constante interacción con el medio que los rodea. Esta interacción va en ambos sentidos, de dentro afuera y de fuera adentro. Posteriormente, en el año 1926 el fisiólogo estadounidense Walter Cannon (1871-1945) creó el concepto de «homeostasis» que literalmente quiere decir «todo permanece igual». La homeostasis se entiende como la capacidad que tiene el organismo para autorregularse, lo cual lleva al mantenimiento y constancia en la composición y propiedades de la parte interna de un organismo. Por esta razón, representa el equilibrio interno del cuerpo humano.

do para ello un estado de coherencia[16] que tiende a gastar la menor energía posible. En este contexto es más fácil comprender que la autocuración no es más que una nueva autoorganización del organismo que constantemente tiene lugar en nosotros y con la que la naturaleza nos ha dotado.

Reacción del organismo humano en su totalidad

Todo organismo viviente dispone de un amplio espectro de reacciones, revitalizaciones, reanimaciones y comportamientos para nivelar, equilibrar y compensar las posibles alteraciones y perturbaciones que hayan podido surgir. Sin las fuerzas autocurativas de la naturaleza no sería posible la cicatrización de heridas, la superación o recuperación de una infección o la recuperación

---

16   En este libro usaremos la palabra «coherencia» en un sentido neurobiológico y en un sentido ético. Coherencia en sentido neurobiológico hace referencia a la armonía cerebral. El modo específico de trabajar del cerebro se caracteriza por estar optimizado para «ahorrar energía» y esto ocurre cuando todo encaja bien y todas las áreas cerebrales están armónicamente engarzadas entre sí, algo que sucede constantemente después de haber superado los constantes retos del día a día. Alguien es coherente en sentido ético cuando dice y hace lo que piensa. Es una persona de la que uno puede fiarse por no haber doblez ni engaño en ella. Obviamente, existe una estrecha relación entre ambos tipos de coherencia ya que ambos conceptos indican un principio unificador que aglutina todo lo que hacemos en función de lo que realmente buscamos y deseamos incorporar a nuestra vida.

tras una operación quirúrgica, es decir, sería imposible cualquier sanación después de una enfermedad. Lo interesante de todo esto, es, como bien apunta el neurobiólogo Gerald Hüther,[17] que la capacidad autocurativa tan solo gozará de un efecto sostenible de larga duración si la respuesta a los efectos nocivos causados por la enfermedad tiene lugar de modo unitario. El organismo ha de reaccionar en su totalidad para poder ser sanado y alcanzar un estado de coherencia.

¿Qué ocurre, por ejemplo, cuando una persona pasa muchas horas sentada delante de un ordenador? Nuestro cuerpo está diseñado para moverse, no para pasar ocho o más horas diarias sentado delante de una pantalla. Nuestra columna vertebral soporta el peso de nuestro cuerpo, pero al estar mucho tiempo sentados, los músculos pierden su función, lo cual produce dolores de espalda, que envían señales al cerebro que provocan que la persona se levante para aliviar esas dolencias, liberándose así de la tensión muscular. Sin embargo, con demasiada frecuencia hemos aprendido a pasar por alto o incluso a reprimir estas señales que nos envía el cuerpo. Hemos desoído, incluso intencionadamente, las señales de nuestro organismo.

---

17 Gerald Hüther, *Lieblosigkeit macht krank. Was unsere Selbstheilungskräfte stärkt und wie wir endlich gesünder und glücklicher werden*, Friburgo de Brisgovia, 2021, p. 54: «Interessant ist dabei der Umstand, dass es sich bei dieser Fähigkeit, aus sich selbst heraus wieder "heil" zu werden, also einen kohärenten Zustand zu erreichen, um eine Leistung handelt, die nur dann zu einer nachhaltigen Heilung führt, wenn sie als eine "ganzheitliche" Antwort des jeweiligen Lebewesens umgesetzt wird».

Uno de los dolores más comunes de las personas que pasan mucho tiempo sentados a lo largo del día es el dolor de espalda en la zona lumbar, más conocido como lumbalgia. ¿Por qué se produce este dolor? Sencillamente porque va perdiendo la curvatura normal de la zona lumbar. La columna lumbar, por naturaleza, presenta una lordosis o curvatura hacia dentro, mientras que la postura más típica cuando estamos sentados, sobre todo si pasamos mucho tiempo sin levantarnos, es echar los hombros hacia delante y la zona lumbar hacia atrás, creando una curva convexa en lugar de cóncava. Pasar mucho tiempo sentados, además, hace que la musculatura de la zona central del cuerpo pierda su función de colaborar a la hora de mantener una postura correcta y se acorten ciertos grupos musculares como el psoas. ¿Puede influir el hecho de pasar mucho tiempo sin levantarnos de la silla y el consiguiente acortamiento de estos grupos musculares en el dolor de espalda tan característico de las personas sedentarias? Por supuesto: debemos tener en cuenta que nuestro cuerpo está formado por cadenas musculares que interactúan entre sí, no por músculos aislados. Lo que ocurre en una parte de nuestro cuerpo tiene consecuencias en todo nuestro organismo.

En contra de lo que sucede con los animales y con las plantas, los seres humanos somos capaces de reprimir y desentendernos de nuestras facultades autocurativas y de adoptar un estilo de vida contrario a los requisitos de nuestra naturaleza. El cerebro es un órgano que detecta múltiples amenazas, tanto si provienen del mundo exterior como del interior. Para gestionar las consecuencias que traen consigo las amenazas, fácilmente podemos autoengañarnos recurriendo a soluciones pasajeras a corto plazo. Son arreglos breves que no hacen más que empeorar la situación en vez de contribuir a la sanación, y con ella a la serenidad y paz interior. Así, por ejemplo, si alguien tiene un problema con su amigo, con su jefe, consigo mismo o con una situación determinada, puede solucionarlo embriagándose. Pero en cuanto haya desaparecido la embriaguez, los verdaderos problemas aflorarán de nuevo. Si este modo de gestionar problemas se repite, el cerebro se irá acostumbrando y poco a poco necesitará más alcohol para superar los síntomas de la abstinencia. Finalmente, los problemas aumentarán hasta llegar al cuadro clínico de la insuficiencia hepática.

También podemos perder la sensibilidad para captar lo que nos conviene o no por la influencia constante de un ambiente competitivo de exigencias y resultados. Bajo estas creencias generalizadas muchos piensan que tan solo podrán ser felices si consiguen ganar mucho dinero, mucho poder o llegar a ser una persona muy influyente. Pero tampoco estas imaginaciones gestadas sobre todo en un ambiente de competitividad, que venimos arrastrando desde la teoría de la selección del más fuerte de Darwin,[18] nos proporcionan la verdadera felicidad.

---

18 Una de las frases más características de la teoría de la evolución de Charles Darwin es la «supervivencia del más apto». Como consecuencia de este modo de pensar, se favorecían ideas utópicas para que creyésemos que solo una raza humana genéticamente intachable sería apta para sobrevivir. Esta manera de pensar podía conducir fácilmente a actitudes racistas. De este modo se argüía que la motivación primordial del ser humano vendría dada por la lucha

El darwinismo social sostiene que la historia del ser humano es un proceso de evolución y supervivencia de los más fuertes. Es una teoría que afirma que el ser humano ha evolucionado de acuerdo con criterios de supervivencia y que posteriormente fue utilizada para justificar el racismo. ¿Con qué tipo de argumento? Si en la naturaleza, los animales más poderosos reinan y predominan sobre los más débiles, también se podría aplicar a las relaciones entre humanos aprovechando las diferencias de etnia o raza. La selección natural, idea central de esta teoría consiste en que solo los más fuertes sobreviven, se imponen y se aprovechan de los grupos más débiles. Es algo natural, de ahí que haya sido respaldado y defendido por muchas personas en sus ansias desmesuradas por conseguir poder.

Ya nos hemos referido a la falta de seriedad de las teorías que consideran el egoísmo como dado por naturaleza. Diferentes estudios actuales han hecho un análisis sobre aquellas personas que defienden el darwinismo social y llegan a la conclusión de que presentan rasgos característicos que definen su personalidad. Piotr Radkjewicz y Krystyna Skarzynska[19] hablan de tres

---

por la supervivencia. En neta oposición a las teorías de la lucha por la supervivencia está el descubrimiento del sistema motivacional, que nos demuestra que no tendemos de forma natural a la agresión y la supervivencia del mejor dotado genéticamente. La naturaleza nos dice, más bien, que estamos hechos para la cooperación.

19   Piotr Radkjewicz y Krystyna Skarzynska, «Who are the 'social Darwinists'? On dispositional determinants of perceiving the social world as competitive jungle», 11 de agosto de 2021, en *https:// journals.plos.org/plosone/article?id=10.1371/journal.pone.0254434*

trastornos o rasgos distintivos de su personalidad (Dark Triad of Personality): narcisismo, falta de empatía y falta de respeto o comportamiento antisocial.

Sin embargo, detrás de esta fachada carente de escrúpulos es muy frecuente que se albergue una falsa autoestima que actúa como una herramienta de defensa, una máscara protectora para aparentar que no tienen problemas de inseguridad. Estas personas crean una coraza psicológica alrededor de su yo para esconder su baja autoestima, que repercute en sus miedos a no ser aceptados en la sociedad y no estar a la altura de las relaciones interhumanas plenas.

¿Por qué los pseudolíderes fracasan?

Ni que decir tiene que estas personas que quieren escalar puestos en la sociedad a costa de perjudicar a otras tienen un grado de incoherencia cerebral elevado. No olvidemos que la competencia es lo contrario del vínculo, es decir, de aquello a lo que tendemos por naturaleza y que fácilmente puede ser el origen de la ruptura de los lazos que las unen a otras personas. Además, se trata, por lo general, de personas que no están dispuestas a cambiar, no quieren adaptarse a las nuevas situaciones ya que a la larga les exigirían renunciar a su puesto y sus múltiples privilegios, que han adquirido injustamente.

Son personas cuyo cerebro apenas registra esas necesidades que todos tenemos de cercanía, vinculación, estima, amabilidad social y, sobre todo, de amor. Ellos las reprimen actuando de forma egoísta y sin escrúpulos, y terminan enfermando. Las ideas de esas personas se han formado ya sea por convencimientos y creencias deformadas o bien por haberlas tomado de otras personas que han tenido gran influencia sobre ellos, y ahora están enraizadas en su corteza prefrontal.[20]

Lo que acabamos de decir se ve reflejado de modo prototípico en el pseudolíder que busca ocultar sus debilidades; sin embargo, lo que logra es que se conviertan en un secreto a voces y su equipo va perdiendo cada vez más la confianza que había puesto en él. Es muy frecuente que cuando una persona obtiene una posición de liderazgo sin las cualidades necesarias, se refugie en el uso del poder como forma de liderazgo.

Pensemos en las fábricas antiguas de países sometidos a ideologías totalitarias. Si los objetivos no se cumplían, la jefatura podía castigar a los responsables sin más. Los sistemas de control formal llevaban obviamente a que la gente se limitase al puro cumplimiento de los mandatos, con una actitud de indiferencia y apatía. Si falta la confianza, la única manera de liberar el potencial humano es emplear la política del «palo y la zanahoria»: hay que colgar la zanahoria (recompensas) delante de los subordinados para motivarlos y transmitir una razonable cantidad de temor con el palo (castigos o pérdida del trabajo) si no se logra realizar lo

---

20 Gerald Hüther, o.c., 2021, pp. 40-43.

encomendado. El director de una empresa que se limita a echar mano del poder que ejerce sobre sus subordinados solo se está moviendo por la capacidad de manejar motivos extrínsecos sobre el comportamiento de otras personas. La autoridad, por el contrario, es la capacidad que tiene una persona para apelar eficazmente a motivos trascendentes. La autoridad se basa en la libre aceptación, sin que medie coacción de ningún tipo sobre los subordinados.

La palabra «autoridad» encierra, en su sencillez, una verdad fundamental de la vida: es una relación que permite el crecimiento del hombre. La raíz latina de autoridad (*augeo auxi auctum* = acrecentar, robustecer, hacer prosperar) muestra la conexión de esta palabra con la dinámica de un desarrollo encauzado a ser perfeccionado.

En nuestra vida nos encontramos con personas que nos llaman la atención por tener un «algo más» que a nosotros todavía nos falta. Son personas que han sabido perfeccionarse asumiendo profundamente valores como la lealtad, honestidad, solidaridad, tolerancia, igualdad, justicia, sinceridad, laboriosidad... Todos ellos gozan de una personalidad de la que nos podemos fiar, pero solo si esas personas han sabido familiarizarse con esos valores. No basta con incorporarlos únicamente por ser valores políticamente correctos. He de saber convertir esos valores en carne de mi carne, «encarnarlos», como suele decirse. Solamente entonces me dejaré conducir por una sensibilidad recta en todo momento, sabré gustar de lo bueno y aborrecer lo malo.

Representaciones mentales

Lo que acabamos de decir se puede expresar haciendo referencia al peligro que conlleva la formación de «representaciones mentales». Con el paso de los años se pueden ir forjando en nuestra mente unas actitudes que los neurobiólogos denominan representaciones o imágenes mentales que fácilmente pueden convertirse en representaciones limitadoras.

Sin embargo, no hemos nacido con esas representaciones mentales. De niños hemos sido buscadores y diseñadores de nuestra felicidad. Hemos sabido ilusionarnos y entusiasmarnos con muchas cosas pequeñas que nos llamaban poderosamente la atención y que nos han llegado muy adentro. Hoy nos ponemos nostálgicos y echamos la vista atrás para recordar todo aquello que antes nos hacía felices.

Sin embargo, nadie ha nacido quisquilloso, gruñón, aguafiestas o cenizo. En todo caso, nos hemos hecho gruñones o cenizos. De este modo, no sirve la excusa «es que soy así». Es el habernos dejado llevar, a lo largo de los años, por la pereza, el mal humor o la falta de actitud ante los retos de la vida, lo que supone que en realidad debamos afirmar «me he hecho así».

Hay personas que se incapacitan ellas mismas con esas representaciones mentales que fácilmente se convierten en limitantes, pues nos impiden enfrentarnos a la vida en clave ilusionada, porque nos falta la decisión y sobre todo la actitud de remontar los obstáculos que impiden la alegría de vivir. Hay en ellos una aburrida resignación frente a la monotonía de la propia vida. Pero esto conlleva también el peligro de incorporar al estilo de vida unas representaciones mentales dañinas que dificultan detectar las verdaderas necesidades de nuestro cuerpo y de nuestra alma. De este modo, al reprimir habitualmente las señales que son enviadas al cerebro para informarnos de las verdaderas necesidades del cuerpo y del alma, el organismo humano va perdiendo su capacidad autocurativa. Se va formando lo que en neurobiología se conoce como un estado de «incoherencia cerebral», lo cual implica que la capacidad de sanarse por cuenta propia disminuye. Enfermamos si nuestra capacidad autocurativa se debilita y ya no estamos en condiciones de compensar el estado de incoherencia que haya podido surgir en nuestro cerebro.[21]

Gerald Hüther nos dice que el modo específico de trabajar del cerebro se caracteriza, tal como hemos mencionado, por estar optimizado para «ahorrar energía».[22] Como cualquier sistema viviente, el cerebro humano consume la menor cantidad de energía posible cuando consigue guardar su orden interior, cuando todo encaja bien y todas las áreas cerebrales están armónicamente engarzadas entre sí. Cuando el pensar, sentir y actuar van al unísono y las expectativas personales no se convierten en utopías imposibles o muy difíciles

---

21 *Ibidem*, p. 69.
22 Gerald Hüther, *Etwas mehr Hirn, bitte. Eine Einladung zur Wiederentdeckung der Freude am eigenen Denken und der Lust am gemeinsamen Gestalten*, Gotinga, 2015, pp. 81-84. «Es gibt eine Grundregel, die die Arbeitsweise des Gehirns bestimmt und die heißt: Energie sparen».

de alcanzar, es cuando el cerebro requiere el mínimo consumo de energía.

Esto ocurre también cuando conseguimos superar esas representaciones limitantes que son el origen de tantas disonancias cognitivas en las relaciones interpersonales. De ahí la importancia y el valor de saber cuestionarnos nuestras representaciones mentales y de no perder las ganas de mejorar y, por lo tanto, también de reflexionar.[23]

Pero al presentarse nuevos problemas causantes del desorden interior, el cerebro tiene que consumir mucha energía para poder restablecer nuevamente la armonía. Es entonces cuando las representaciones mentales que tenemos grabadas en nuestro cerebro bajo diferentes patrones de redes neuronales se oponen obstinadamente a cambiar y reorganizarse para evitar un mayor consumo de energía. Pero en otros casos, y esto es lo agradable y apasionante de este proceso, la mente se abre y el cerebro incorpora los nuevos conocimientos e ideas adaptándose a las nuevas situaciones gracias a las nuevas reestructuraciones cerebrales y procesos de adaptación. De este modo se establece otra vez el orden interior. Esto ocurre constantemente durante toda nuestra vida. El aprendizaje implica una reorganización cerebral permanente.

---

23 *Ibidem,* pp. 20-22: «Wenn die betreffende Person dann aber immer noch nicht darüber nachzudenken beginnt, wieso sie mit diesen Vorstellungen unterwegs ist, obwohl sie damit doch nicht weiterkommt, so ist auch das ein Zeichen dafür, dass ihr die Lust am eigenen Denken —wenn es sie selbst betrifft— irgendwie verlorengegangen ist. Lieber hält sie an ihren bisherigen Vorstellungen fest, als sie zu hinterfragen».

No somos conscientes de la puesta en marcha de estos procesos de acomodación y reorganización cerebrales; sin embargo, gracias a las imágenes conseguidas mediante resonancia magnética funcional, lo que está ocurriendo en el cerebro se puede visualizar en tres dimensiones con una notable definición espacial y constatar que han tenido lugar unos procesos de remodelación de las redes neuronales y de los diferentes moldes cerebrales. Así, las estructuras cerebrales vuelven a ensamblarse y acoplarse entre sí adquiriendo una armonía dinámica, no estática. Este estado es lo que la neurobiología denomina «coherencia».

— 4 —

ENCUENTRA TU PASIÓN

La pasión te moverá más allá de ti mismo, más allá
de tus defectos, más allá de tus fracasos.

JOSEPH JOHN CAMPBELL

Diseñar y reinventar la vida

Alcanzar un estado de coherencia total, algo así como
un paraíso en esta tierra no es posible ya que una característica esencial de todo organismo viviente consiste en que su orden interior es constantemente alterado
por los estímulos del mundo exterior. Tender hacia la
felicidad no es alcanzar en esta vida un estado de coherencia o de equilibrio total. No se trata de lograr un estado sino de diseñar asiduamente un proceso.

Lo que acabamos de decir también se puede expresar diciendo que aquellas personas que consiguen constantemente pasar del estado de incoherencia al de coherencia llevan una vida más lograda. Gozan de mejor
salud aun teniendo que adaptarse a las exigencias que,
por ejemplo, está obligado a llevar un paciente que pa-
dece una enfermedad cancerígena. Son personas que

saben diseñar y reinventar su vida, minuto a minuto, con alegría y buen humor. Y son precisamente la pasión, la ilusión y la alegría, independientemente de la edad que uno tenga, las que le llevarán a activar los centros emocionales del cerebro medio.

Desde hace más de treinta años se conoce en la neurobiología el concepto de «sistema motivacional» —también denominado «sistema de recompensa»—, *Reward system* en inglés o *Belohnungssystem* en alemán, localizado en el «cerebro medio»,[24] que se caracteriza por intensificar e incrementar una conducta humana de bienestar. Aquellas experiencias, sentimientos, impresiones que nos llegan muy adentro, que nos dan un sentido positivo y profundo de nuestros empeños, actúan sobre el sistema motivacional, y es entonces cuando el cuerpo libera las sustancias mensajeras neuroplásticas, sobre todo la dopamina, la oxitocina y los opiáceos endógenos, que generan la sensación de bienestar. Siempre que consigamos superar un estado de incoherencia, se produce esa sensación de bienestar que incluso puede transformarse en un gran entusiasmo, lo cual indica que hemos vuelto al estado de coherencia. Esta sensación fortalece nuestra capacidad autocurativa y nos mantiene sanos.

Pero ¿qué ocurre con aquellas personas a las que les falta la alegría de vivir, que han adquirido hábitos

---

24 Joachim Bauer, *Schmerzgrenze. Vom Ursprung alltäglicher und globaler Gewalt*, Múnich, 2013, pp. 32-33. El concepto de sistema motivacional lo he tomado de Joachim Bauer quien, de modo brillante, expone su modo de actuar en sus dos libros: *Schmerzgrenze*, 2013 y *Prinzip Menschlichkeit*, 2014.

rutinarios que arruinan su salud y han perdido la capacidad de solucionar los problemas que les carcomen la cabeza? ¿Qué ocurre con aquellas personas que han perdido el sentido de vivir? Acabamos de mencionar que todos de pequeños hemos sido capaces de entusiasmarnos con cualquier cosa que nos llamase un poco la atención. En nuestra niñez hemos querido diseñar la vida a nuestro antojo, con nuestra propia creatividad. Pero estas ganas de vivir, de descubrir nuevos horizontes, nuevas posibilidades de actuar son a veces recortadas por una educación mal entendida, bien por el colegio o por la misma sociedad. De este modo, con la mejor intención, pero desacertadamente, se recortan las alas del niño para volar.[25] Lo cual quiere decir que en el cerebro de ese niño o adolescente se van formando unas redes neuronales que van apagando las necesidades originarias de la naturaleza humana. Los centros de motivación son oprimidos de tal modo que pueden ser incluso «enrollados»[26] o bloqueados.

Estos niños o adolescentes han perdido sus ilusiones originarias. Con frecuencia debido a la proyección de los padres que se centra exclusivamente en los estudios. Por supuesto que estos quieren lo mejor para sus hijos, pero sus ilusiones son selectivas dependiendo de su

---

25   Alfred Sonnenfeld, *Educar para madurar. Consejos neurobiológicos y espirituales para que tú y tus hijos seáis felices*, Madrid, 2019, pp. 130-138.

26   Gerald Hüther, o.c., 2021, p. 106: «Die dafür zuständigen "Motivationszentren" sind dann in ihrer Aktivität und ihrer Wirkung so gut unterdrückt, fast so, als wären sie eingewickelt».

personalidad. En cualquier caso, los niños nunca deberán ser tratados como objeto de las expectativas y deseos de los padres. Cada niño es un sujeto, un microcosmos. No olvidemos que el verdadero amor es siempre incondicional.

El niño: un microcosmos

Cada niño es un microcosmos, un pequeño pero complejo universo en el que los elementos biológicos, psicológicos y espirituales se interrelacionan sin solución de continuidad. Todo niño necesita, en virtud de su intrínseca dimensión humana, una educación que conduzca a su desarrollo como persona, o lo que es lo mismo, a una existencia plena y feliz. Ahora bien, la educación de un niño, al menos una educación que sea integral teniendo en cuenta los diferentes aspectos del ser humano, no representa una meta fácil de alcanzar, no hay recetas o fórmulas preconcebidas que garanticen el éxito de manera infalible. Es cierto que los niños poseen una naturaleza propia que podemos vislumbrar —y en ocasiones, incluso conocer— gracias a la sabiduría que nos proporciona el amor, pero esto no es suficiente.

El deseo de educar para madurar[27] ha de tener en cuenta los estadios del desarrollo cognitivo y afectivo y, además, las bases neurobiológicas de la naturale-

---

27   Alfred Sonnenfeld, o.c., 2019.

za humana. Algo así como un jardinero que cuida de las plantas regándolas y abonándolas sin pretender que crezcan ni que florezcan según su conveniencia o modo de pensar. La educación eficaz tiene muy en cuenta las etapas cognitivas y afectivas del niño. Si los padres adquieren la habilidad de «regar» convenientemente el cerebro de sus hijos, sabrán transmitirles la confianza adecuada para que, haciendo uso de su libertad, vivan experiencias de éxito y, gracias a ellas, se enriquezca su aprendizaje y mejore su bienestar personal. No se trata, por supuesto, de mimarlos o malcriarlos, sino de acompañarlos y conducirlos convenientemente en función de sus verdaderas posibilidades y pasiones.

Haz lo que te apasiona

Hacer lo que nos apasiona es sin duda un privilegio, aunque eso signifique por lo general, tener que trabajar mucho más duro que los demás. Todos nos sentimos más satisfechos y felices cuando trabajamos en algo que coincide con nuestros intereses personales. Y esto es lo primero que hemos de realizar: elegir el trabajo adecuado, escoger un trabajo que esté de acuerdo con las aptitudes y gustos personales. Si esta elección está bien hecha, ya hay mucho adelantado y será fácil que esa persona tenga en su trabajo un habitual encuentro con la ilusión. Esa persona estará en condiciones de meter la cabeza en el trabajo para poder ilusionarse y hacerlo con pasión.

El jefe de Amazon, Jeff Bezos, contó en una ocasión a los licenciados de la Universidad de Princeton en Estados Unidos que hacía años, había dejado un puesto importante con un gran sueldo como financiero en Manhattan para montar Amazon: «Después de reflexionar largo y tendido, decidí tomar el camino más arriesgado para dedicarme a lo que me apasiona... si no os apasiona vuestro trabajo no duraréis demasiado en él».

Grit. El poder de la pasión y la perseverancia

El título de este nuevo apartado está tomado de un libro de la psicóloga norteamericana Angela Duckworth[28] que considera con gran acierto que, el secreto del éxito no radica tanto en el talento ni en el coeficiente intelectual como en el *grit*: un deseo de mejora constante, una combinación de pasión y perseverancia por conseguir un objetivo especialmente importante para la persona que actúa y la capacidad de volver a levantarse después de un fracaso.

Es interesante recordar que el célebre psicólogo y filósofo estadounidense William James, fundador de la psicología funcional, ya afirmaba en el año 1907: «No se puede negar que el ser humano posea muchos recursos, pero tan solo los individuos excepcionales saben

---

28 Angela Duckworth, *Grit. El poder de la pasión y la perseverancia*, Madrid, 2016.

aprovecharlos al máximo». Por supuesto que tenemos muchos límites, sin embargo, lo verdaderamente animante de los descubrimientos de la neurobiología lo podemos resumir con las palabras: «Podemos mucho más de lo que pensamos», y con tal motivo en muchos casos, tal como ya hemos apuntado, «somos tan solo una versión raquítica de lo que podríamos ser». Dicho de otro modo: hacemos uso solamente de una pequeña parte de nuestros posibles recursos mentales y físicos.

Angela Duckworth llega a la conclusión de que, para desarrollar nuestro potencial, es más importante el esfuerzo que el talento de una persona. Esto no quiere decir que el talento no sea importante, pero si ya en la tierna infancia se separa a los niños con talento de los que no lo tienen, tal como ocurre, por ejemplo, en el programa *Got Talent,* al dejarnos deslumbrar por el talento corremos el peligro de olvidarnos de todas las demás habilidades del niño. Sin darnos cuenta estamos sugiriendo que a otros factores tales como el *grit,* es decir la determinación, el esfuerzo apasionado, no se les atribuiría la importancia que en realidad deberíamos darles.[29]

Alcanzar un resultado excelente no suele ser consecuencia de un acto genial llevado a cabo de forma talentosa, sino más bien de muchas acciones cotidianas,

---

29 *Ibidem,* p. 55. «Antiguamente se operaba mucho con la idea: usted tiene un coeficiente intelectual bastante alto o tiene tales genes y haga lo que haga ya no tiene remedio. Este modo de pensar nos lleva a una actitud pasiva no saludable. Si, por ejemplo, se le dice a los obesos que la obesidad tiene bases genéticas, se esforzarán menos en mantener una dieta».

hechas con ilusión y pasión. Son nuestras propias obras las que nos confirman, ante nosotros y los demás, que nuestros deseos, ilusiones y proyectos no son flor de un día, sino la determinación clara de corroborar con hechos lo que decidimos. La palabra anglosajona *grit* se traduce por determinación, y se refiere más al aguante perseverante hecho con pasión, no obstante, podemos tardar en descubrir ese trabajo que verdaderamente nos apasiona. No es un proceso de descubrimiento pasivo, no se trata de desenterrar una joya escondida en la psique, sino más bien de una búsqueda y construcción activa.

Proceso de maduración

Esa búsqueda y construcción activa tiene mucho que ver con alcanzar la madurez, palabra que aparece por primera vez en los escritos de Kant bajo el término de *Mündigkeit*, que literalmente significa «mayoría de edad», algo parecido a la autonomía, la libre autodeterminación y la autorrealización. Sin embargo, en sentido amplio se puede traducir por madurez humana estar en condiciones de actuar con autonomía[30] y sobre todo con responsabilidad. Ser una persona ilustrada significa para Kant abandonar la minoría de edad intelectual

---

30   Markus Speidel, *Erziehung zur Mündigkeit und Kants Idee der Freiheit*, Berna, 2013.

en la que muchas personas se refugian a lo largo de la vida y «atreverse a pensar». Kant nos presenta al ser humano maduro como el prototipo de la Ilustración, rebosante de fuerza y siempre con autonomía, que deja atrás el mundo caduco de las dependencias y busca crear un nuevo mundo en el que sea posible la mayoría de edad con libertad de expresión sin que su libertad se vea amenazada.

El hombre maduro sabe actuar no solamente con señorío, sino que sabe también estar en armonía consigo mismo, teniendo para ello en cuenta los elementos que lo rodean, evitando de esta manera toda esclavitud irracional. El hombre maduro sabe establecer prioridades que en todo momento le acompañan para actuar debidamente. Una persona que no tuviera bien definidas sus preferencias, sus prioridades (*priority setting*), ya sea de sus deseos, de sus fines o de sus ideales, y no tuviera una clara concepción del puesto que realmente corresponde a cada uno de ellos, no sería una persona autónoma, y no porque sus deseos, ideales o metas no sean personales, sino porque al no existir entre ellos un orden interno y una armonía, anulan la posibilidad efectiva de autonomía. El ideal es, pues, lograr que cada persona sea artífice de su propia vida, o según la conocida idea de Ortega y Gasset, ser cada uno un hombre egregio, superando al «hombre masa».

Hacerse mayor, madurar, hacerse una mujer, un hombre, significa descubrir la realidad de nosotros mismos, de los demás, del mundo. Aprender que cuando hace frío hay que abrigarse, que para vivir hay que trabajar, que el tiempo se pasa muy rápido, que los sueños no se realizan tan fácilmente como esperábamos. La falta de madurez es no reconocer la realidad, pero solo podemos ser felices si tenemos en cuenta la realidad de la vida. Cuando el mundo de la infancia y de la primera juventud se rasgan para dar paso a la segunda juventud y a la madurez nos encontramos con el mundo real, el de los acontecimientos en sí mismos.

El *grit* se desarrolla a medida que vamos madurando y descubriendo el *arte de vivir*. Esto quiere decir que tenemos un objetivo primordial que condiciona los demás. Este fin principal nos ayuda a superar rechazos y decepciones, y vamos cambiando, dependiendo de las exigencias y necesidades de la vida, teniendo en cuenta el orden de prioridades. Reflexionamos, por lo tanto, en nuestro interior y abordamos los problemas en las diferentes situaciones de nuestro entorno sabiendo distinguir qué es lo que nos hace crecer en cuanto personas o qué es aquello con lo que nosotros mismos nos podemos dañar o incluso malograr nuestra vida.

La pasión aparece cuando sabemos meternos totalmente en aquello que hacemos, de modo que cuando miramos el reloj no nos hemos dado cuenta de las horas que han pasado. Esta situación de estar inmerso en una actividad o en una tarea que nos absorbe totalmente se conoce también como *estado del flow o experiencia de flujo,* una expresión que utilizó por primera vez en el año 1975 Mihaly Csikszentmihaly en su obra *Más allá del aburrimiento y la ansiedad*. Es un estado que experimentamos cuando tenemos las habilidades necesarias para llevar a cabo una actividad que exige nuestra concentración. La atención está totalmente focalizada en la tarea y no en otras actividades o preocupaciones. Esta actividad que nos apasiona puede llegar a ser tan placentera que tendemos a repetirla con la esperanza de volver a experimentar el «flujo». Ciertamente en nuestra vida aparecen momentos más duros durante cualquier trabajo, son situaciones de incoherencia normales de la vida que nos acompañan en nuestro quehacer cotidiano, pero que gracias a la pasión y al entusiasmo somos capaces de superar con mayor facilidad. «¡Quiero mejorar!», suele ser el estribillo del *grit*.[31]

---

31   Angela Duckworth, o.c., 2016, p. 131.

— 5 —

LA ERA DE LA DISTRACCIÓN

Para y piensa.
Hannah Arendt

El negocio de la distracción

Queremos poner ahora el foco de atención en lo que se conoce con el nombre de la «era de la distracción», que se caracteriza por saltar de una información a otra sin reflexionar sobre sus contenidos. Se trata de un modo de actuar a golpe de clic. Esa gran capacidad que tiene nuestro cerebro de adaptarse a los diferentes cambios y situaciones de la vida es utilizada de modo malsano. Estamos en la sociedad del ruido mental, con constantes bombardeos de notificaciones, hipervínculos o publicidad. Internet y sus aplicaciones pugnan cada instante por ganar nuestra atención. Con tal motivo el trabajo y el teletrabajo, los estudios, la familia se convierten en facetas de la vida, cada día más difíciles de gobernar. Todo esto nos impone llevar un estilo de vida en el que faltan la atención y la concentración. La distracción es la protagonista en las tareas que realizamos a lo largo del día. Esto hace que nos sintamos más dispersos, estresados y cansados.

Como seres humanos queremos e incluso anhelamos estar informados. Este deseo está profundamente anclado en nuestras neuronas. Hay numerosos estudios científicos que nos dicen que siempre que adquirimos una nueva información, se libera un poco de dopamina en nuestro cerebro. Recordemos que se trata de un neurotransmisor que favorece la sensación de bienestar, placer y relajación. La dopamina es una sustancia importante para la función cerebral, pero también un elemento clave para la aparición de adicciones. Nos anima, por lo tanto, a repetir algo una y otra vez haciéndolo placentero.

Tenemos un instinto muy profundo que nos impulsa a buscar y recopilar la mayor cantidad de información posible, algo que fue evolucionando en nuestros cerebros. Podemos imaginarnos los tiempos en los que éramos cazadores y recolectores hace miles de años. En caso de disponer de una información especial se estaba más capacitado para cazar con mayor eficacia o cultivar con mayor rendimiento las tierras. Pero además esto es ampliado e incrementado por el instinto social. Obtenemos recompensas cuando sabemos lo que otras personas piensan sobre nosotros o qué conversación está teniendo lugar a nuestro alrededor. Tener más información que otras personas nos hace ser socialmente más atractivos, ya que eleva nuestro reconocimiento en la sociedad. Y todo esto ha sido una ayuda poderosa para poder sobrevivir, a veces, en situaciones límites.

Hoy en día conviene preguntarse qué hemos hecho con esa capacidad para absorber información. La respuesta es que hemos creado un nuevo entorno, el digital, en el que vivimos y al que entramos a través de numerosos aparatos, y cuya principal característica es la inmediatez. Por medio del entorno enviamos informaciones a través de nuestros móviles y otros dispositivos.

Y lo que ocurre cada vez con más frecuencia es la aparición de comportamientos compulsivos. Nosotros mismos nos sorprendemos revisando y chequeando a todas horas los mensajes y las notificaciones; mucha gente, antes de acostarse, «necesita» revisar y contestar los mensajes y ver las últimas noticias por temor a perderse algo que podría ser importante, e incluso los hay que al despertar de madrugada miran los últimos mensajes o noticias. Esa avidez por estar informado, generalmente, tiene poco que ver con profundizar en esa información.

Este tipo de comportamiento es muy lucrativo para las empresas de internet —Google, Twitter, Instagram...— ya que les hace ganar más dinero. Y es que, en realidad, mantenernos atrapados es un negocio para ellos, pues así acceden a nuestros gustos, inquietudes, deseos... y como consecuencia nos venden productos, servicios, viajes, etc. El negocio de muchas empresas consiste en ganar dinero captando nuestra atención.

Memoria a corto y largo plazo

Pero ¿cuál es nuestra forma de pensar y el modo en el que usamos nuestras mentes? Ciertamente nos estamos adaptando a las nuevas situaciones y esto demuestra, como ya habíamos dicho, que nuestro cerebro goza de una gran plasticidad. Se adapta a las nuevas tecnologías y esto obviamente es bueno, ya que indica que somos flexibles y adaptativos. Sin embargo, la capacidad de cambiar de una información a la otra de modo inmediato y sin reflexionar sobre sus contenidos no significa que seamos mejores personas o mejores pensadores. Al contrario, internet también nos ha traído aspectos alarmantes que tienen que ver con el modo con el que nuestros cerebros transforman la información en conocimiento, y con nuestro modo de reflexionar.

Para abordar este asunto hemos de distinguir dos formas diferentes de memoria. Por un lado, tenemos lo que se conoce como memoria a corto plazo o memoria de trabajo (*short-term memory o working memory*) que tan solo goza de una capacidad muy pequeña de almacenamiento. Por otro lado, tenemos lo que se conoce como memoria a largo plazo (*long-term memory*), cuya capacidad de almacenamiento es enorme. De hecho, llenar esa memoria a largo plazo es imposible. Nadie ha podido decir, «ya no me puedo acordar de nada más porque mi memoria está llena».

La clave para llegar a la memoria a largo plazo consiste en transferirle información de la memoria a corto plazo. La mayoría de las personas han tenido la frustrante experiencia de conocer a alguien, oír su nombre, y, al encontrarse varias semanas más tarde no poder recordarlo. Este pequeño lapso se produce cuando la información que se almacena en la memoria a corto plazo nunca es transferida a la memoria a largo plazo. Dicho de otro modo, al adquirir información del mundo exterior mediante conversaciones y lecturas, a través de impresiones que acuden a nuestra mente y que entran en mi memoria de trabajo o memoria a corto plazo queremos que perdure más tiempo en nuestro cerebro y para eso es necesario transferirla a la memoria a largo plazo. Esto se consigue a través de un proceso conocido como «consolidación de la memoria».

Pero el verdadero enriquecimiento de la persona surge cuando conseguimos, durante ese proceso de consolidación de la memoria, conectar la nueva información adquirida con las redes neuronales del cerebro, es decir, con lo que he aprendido o pensado y experimentado durante mi vida. Al asociar los diferentes fragmentos de información con las redes neuronales, sobre todo de la corteza prefrontal, podremos incluso adquirir nuevas sabidurías. No olvidemos que para que este proceso llegue a buen término hemos de prestar mucha atención, estar realmente en lo que se está haciendo. Estar atentos y concentrados es fundamental para que no se interrumpa el proceso de consolidación de la memoria.

Sin embargo, en el nuevo entorno digital existe una fuente permanente de interrupción y de distracción, lo cual implica que es muy difícil estar atentos a la información el tiempo necesario para poder construir conexiones enriquecedoras. Y esto no es simple teoría.

Diferentes estudios científicos han demostrado que aquellas personas que están sometidas a varias tareas al mismo tiempo (*multitasking*) son menos efectivas. Si tan solo hiciesen una tarea y se enfocaran en una cosa, lo harían mucho mejor. No obstante, lo más interesante y revelador de estos estudios es que al estar saltando con rapidez de una información a la otra mucha gente es incapaz de distinguir lo importante de lo banal.[32] Cuando la multitarea se convierte en un hábito, concentrarse en una sola cosa se vuelve muy difícil.

Por lo general, nuestro cerebro ignora algunas señales entrantes para reducir la carga y dedicar todos nuestros esfuerzos a resolver un problema, pero al acostumbrarse a la multitarea, comienza a confundirse y no siempre puede determinar qué información es importante y cuál insignificante. Ante esta situación, tan solo se considera relevante lo novedoso. Todo esto implica que el mal uso y el abuso de la tecnología, tan propio del mundo actual, pervierte nuestra capacidad de pensar y reflexionar con profundidad.

Lo cierto es que al cambiar con rapidez de una información a otra gozamos de una mayor agudeza visual y focalizamos los objetos con más premura, pero esta inmediatez y capacidad para cambiar nuestra atención en busca de novedades hace que perdamos las capacidades más valiosas del pensamiento humano: la creatividad, la reflexión y el pensamiento crítico.

Al dejarnos cautivar por nuestras tecnologías, nos vamos alejando cada vez más de las formas elevadas de pensamiento. Ni que decir tiene que adquirir nuevas

---

32   Kevin P. Madore, Anna M. Khazenzon, Cameron W, Backes, Jiefeng Jiang, Melina R, Uncapher y Anthony D. Wagner, «Memory failure predicted by attention lapsing and media multitasking», en *Nature*, 587, 2020, pp. 87-91.

informaciones a gran velocidad sin duda es importante pues nos da seguridad en medio de la desorientación generalizada, pero es tan solo un primer paso para usar bien nuestra mente. La segunda y más importante etapa, ya que nos ayudará a discernir correctamente sobre esa información entrante, consiste en ser capaz de pensar profundamente sobre lo que hemos descubierto y es precisamente en este segundo proceso donde fácilmente nos dejamos engañar queriendo aumentar la velocidad de consumo de información. De este modo dilapidamos nuestra capacidad de esclarecer lo que de verdad es importante.

Erosión del pensamiento profundo

Poner la cabeza en lo que requiere nuestra atención, evitar huir de lo que suponga esfuerzo, no dejar para después lo que podamos hacer ahora, todos estos son hábitos que nos llevarán a una vida lograda y feliz. Por el contrario, el *multitasking*, o lo que denominamos «multitareas», propio de la persona que pretende hacer aceleradamente varias cosas a la vez, corre el peligro de quedarse en la superficialidad. Como decía Séneca, «quien está en todas partes, no está en ningún sitio». Por el contrario, la persona serena sabe ponderar, guardar el orden en su actividad y tomar la iniciativa priorizando sus rectas intenciones, sin naufragar ante las múltiples distracciones que surgen en cada momento y que quieren acaparar nuestra atención.

En internet, si no conseguimos establecer prioridades que nos ayuden a ir al grano en nuestras tareas, fácilmente podemos distraernos, perder el tiempo y alejarnos de nuestros objetivos. Si este riesgo nos acecha a los adultos, durante la adolescencia es especialmente pernicioso, porque a esa edad los alumnos están aprendiendo a estudiar y a aprovechar el tiempo. No es el medio el que nos daña, sino su mal uso. La buena gestión del uso y de la selección de contenidos de internet es la clave.

Desde hace años existe un debate sobre el efecto de internet en las personas y en las sociedades. Siendo una herramienta de trabajo que proporciona muchas facilidades, hasta el punto de ser irremplazable en muchos ámbitos laborales, hemos también de tener en consideración aquellas voces críticas que nos alertan sobre ciertos peligros respecto a su uso.

Uno de estos críticos es Nicholas Carr, quien desde hace décadas escribe sobre nuevas tecnologías para los principales medios internacionales.[33] En su célebre artículo «¿Google nos vuelve estúpidos?», publicado en *The Atlantic*[34] en el año 2008, Carr condensó uno de esos debates en la pregunta, ¿mientras disfrutamos de las bondades de la red, estamos sacrificando nuestra capacidad para leer y pensar con profundidad? Según Carr, internet está cambiando nuestro modo de pensar, dificultando nuestra capacidad de atención con sus continuas distracciones e interrupciones, erosionando nues-

---

33   Nicholas Carr, *La pesadilla tecnológica*, Alicante, 2019.
34   Nicholas Carr, «Is Google Making Us Stupid?», en *The Atlantic*, 301, julio de 2008.

tro pensamiento profundo y obstaculizando nuestra capacidad de concentración. Hasta tal punto que, debido a su inmediatez, leer un libro y asimilar textos largos es cada vez más costoso. Carr constata en carne propia que cada vez le cuesta más leer un libro o un artículo largo cuando antes los devoraba; que le resulta difícil concentrarse y acaba navegando a través de distintos trabajos, sin entrar a fondo en ninguno de ellos.

La cultura que ha surgido a través de la red, y que hoy en día se extiende a cada vez más facetas de nuestra vida y de nuestra mente, se caracteriza por una producción y un consumo frenéticos —los *smartphones* nos han convertido a todos en medios de comunicación— pero no por dotarnos de mayor poder y mucho menos de una mayor capacidad de reflexión. Es una cultura de la distracción y la dependencia. Fomenta la búsqueda, pero perjudica nuestra capacidad para mantener la atención. Nos hace menos contemplativos y reflexivos y por ello erosiona nuestra capacidad de pensar de forma autónoma y profunda. Las nuevas tecnologías tienen un precio, el debilitamiento del pensamiento más profundo, conceptual, crítico y creativo, que necesita reflexión y aislamiento y no la distracción permanente que supone conectarse. La capacidad para centrarse en una sola cosa es clave en la memoria a largo plazo, en el pensamiento crítico y conceptual y en muchas formas de creatividad.[35]

---

35 Nicholas Carr, *https://www.youtube.com/watch?v=MAh5UGK8iSA&t=12s*

Escasez de reflexión en tiempos digitales

¿Somos conscientes de que estamos atrapados en un mundo digital que nos promete la felicidad? En 1932, el británico Aldous Huxley (1894-1963) escribió lo que se convertiría en su obra maestra literaria, *Un mundo feliz*. Allí anticipa una sociedad futura controlada por el gobierno y los medios de comunicación. Los habitantes de esta sociedad no son conscientes de que están atrapados por los deseos de una pequeña élite.

En las predicciones de Huxley, el gobierno estimularía la distribución en masa del entretenimiento, así la gente dejaría de prestarle tanta atención a problemas políticos y nuestra sed de conocimiento se vería erradicada. Las masas son ahogadas en un mar de naderías. Las personas se convertirían en una especie banal, profundamente preocupada por cosas insustanciales. Huxley destaca en sus descripciones de la sociedad futura que está llena de ruido, tanto físico como mental y sobre todo de deseo y, todo esto con distracciones en todo momento y de todo tipo. Nueva información irrelevante, música estridente o excesivamente sentimental, dosis de dramas incapaces de contribuir a una mejora y purificación del público.

Huxley no fue el único que expresó su preocupación por la escasez o incluso la falta de reflexión. También otros muchos, como el filósofo Martin Heidegger (1889-1976), quien, en una conferencia sobre la serenidad, pronunciada el 30 de octubre de 1955 en Messkirch, su ciudad natal, destacaba con preocupación tanto la «escasez de raciocinio» como su «ausencia total». Advertía, ya en aquellos años después de la Segunda Guerra Mundial, la falta de pensamiento como un «huésped inquietante que entraba y salía por todas partes».[36] Huir del esfuerzo que supone reflexionar sobre las cosas y, por encima de todo, sobre el actuar humano y sus repercusiones, es lo que conduce a la falta de pensamiento.

Lo cierto es que determinados modos de actuar del hombre de hoy parecen asegurar lo contrario de lo que apuntaba Heidegger, es decir, que no hay falta de pensamiento. Y esto porque en ninguna época como en la actual ha habido tantos planteamientos distintos, tantas indagaciones, sondeos, encuestas, jamás se ha explorado como hoy ni investigado con tanta pasión. Pero este modo de pensar no deja de ser técnico, calculador y funcional, algo a lo que, según parece, hemos reducido el uso de la inteligencia.

No tenemos nada que objetar a la técnica excepto su función hegemónica y totalizante. Lo que se observa de modo dominante es el mero calcular, aquel tipo de pensamiento utilitarista que, si bien es necesario en nuestra vida, no es de recibo cuando pasa a ser la única forma de pensar, sobre todo cuando arrebata todo proceso de reflexión acerca de lo verdaderamente humano. El pensamiento calculador se apoya en nuevas posibilidades con expectativas cada vez mayores, fruto a veces de un enardecimiento por superarse sin reflexionar sobre el

---

36   Martin Heidegger, *Gelassenheit*, Stuttgart, 2004, p. 11: «Wir alle sind oft genug gedanken-arm; wir alle sind allzu leicht gedankenlos. Die Gedankenlosigkeit ist ein unheimlicher Gast, der in der heutigen Welt überall aus-und eingeht».

verdadero motivo de ese hacer febril que, a la postre, nos lleva a acometer todo aquello que técnicamente es posible sin reflexionar sobre su sentido humano.

Para no acabar en una imagen reductiva del hombre es importante distinguir, con Heidegger, entre el «pensamiento calculador» y la «reflexión meditativa». Ambos tipos de pensar son, a su manera, justificados y necesarios.[37] El pensamiento únicamente calculador elimina el ideal clásico del hombre sabio, para sustituirlo por el del eficiente, el experto, en el que la razón cuantificadora toma el timón del conocer. El conocimiento se hace, entonces, simplemente extensivo: se trata de conocer más cosas, y no de conocer lo que las cosas son o de conocer mejor. A este modo calculador de pensar apuntó ya hace siglos Thomas Hobbes, cuando en su libro *Leviatán* afirma: «Conocer una cosa es saber lo que puedo hacer con ella cuando la poseo»,[38] lo cual implica la técnica que me permite usar y dominar las cosas, saber cómo manipularlas, someterlas a unos objetivos circunstanciales y efímeros.

Pero esta ciencia nada nos dice, ni pretende decir, acerca de lo que las cosas son. Tan solo se justifica por sus resultados tecnológicos o por su beneficio monetario. Por medio de este desarrollo tecnológico, en el que no se reflexiona sobre los fundamentos del ser humano, se acaba por establecer un cambio radical

---

37   *Ibidem*, p. 13: «So gibt es denn zwei Arten von Denken, die beide jeweils auf ihre Weise berechtigt und nötig sind: das rechnende Denken und das besinnliche Nachdenken».

38   *www.infidels.org/library/historical/thomas_hobbes/leviathan.html*

antropológico que no tiene en cuenta los fundamentos neurobiológicos y antropológicos de la felicidad.

La hegemonía del pensamiento calculador representa un peligro para el actuar del hombre por tener una óptica muy estrecha. ¿Por qué decimos que este pensamiento ve las cosas a través de unas gafas que son como anteojeras? Sencillamente, por no dar contestación al «para qué» de sus realizaciones. De este modo se pasa del *actuar* al puro y simple *hacer*: yo *actúo* cuando realizo acciones con un objetivo final, que integro en el contexto de acciones que me llevan a una vida lograda, mientras que simplemente *hago algo* cuando realizo cosas prescindiendo del «para qué» de esas realizaciones, desconociendo su objetivo final, lo cual me lleva a negar mi responsabilidad en ese hacer. Ni que decir tiene que el mero *hacer* es instrumental. Por medio de él, fácilmente se utiliza a las personas como simples instrumentos para conseguir objetivos de corto alcance, como ganar dinero por encima de todo sin tener en cuenta para ello otros aspectos humanos de envergadura. Sin reflexión, sin análisis, sin consideraciones profundas ni valoraciones personales, la vida se nos va de las manos sin enterarnos de su grandeza y profundidad, sin barruntar lo que tiene de misterio, de preciosidad, de admiración y asombro.

Pensamos que para vivir felizmente es imprescindible reflexionar sobre el ser humano en su totalidad y no detenerse únicamente en el pensamiento calculador. Ampliar el horizonte de lo meramente empírico para llegar a cimas espirituales en las que se respira el espíritu libre, que nos hace ver que solo la legislación o la ciencia empírica no sirven para nada si el espíritu del *ethos* del político, del científico, del empresario, del enfermero o del zapatero no es bueno de por sí, pues es el *ethos* individual el que verdaderamente forja el carácter de un ciudadano y protege nuestra libertad y paz interior.

PARÓN REFLEXIVO

Cuando eres fiel a ti mismo en lo que
haces, cosas fascinantes ocurren.

DEBORAH NORVILLE

Conócete a ti mismo

La reflexión y la capacidad crítica es un rasgo distintivo de los seres humanos, desde donde analizamos y tomamos decisiones. Pero antes de nada, ¿sobre qué queremos reflexionar?, ¿qué queremos conocer? Queremos hacer hincapié en la importancia de conocernos a nosotros mismos. El autoconocimiento es, probablemente, una de las claves para vivir una vida más equilibrada, plena y feliz. Cuando una persona se conoce bien, tiene más conciencia de sí misma y de lo que la rodea, sabe gestionar mejor sus emociones y también toma mejores decisiones. El autoconocimiento es la llave que abre la puerta que nos lleva a vivir la vida soñada porque nos ayudará a encontrar la mejor versión de nosotros mismos. Por el contrario, situarse en un terreno que no es el propio es el origen y causa de todas las equivocaciones. Por eso hemos de reflexionar en primer lugar sobre nuestro *yo real* para que la propia vida transcurra de acuerdo con nuestra auténtica y verdadera realidad.

«Conócete a ti mismo». Este axioma estaba escrito sobre el dintel de la puerta de entrada al templo de Apolo en Delfos (Grecia). Muchos sabios a lo largo de la historia, como Tales de Mileto, que pertenecía al grupo de los siete sabios, han vivido de acuerdo con esta máxima. También la filosofía de los estoicos asumió esta verdad como medio predilecto para llegar a una vida lograda. El sabio, por tanto, debe preguntarse: ¿quién soy yo? ¿Qué es lo que me mueve a actuar de esta y no de otra forma? ¿En qué cosas me vuelco realmente? ¿Qué cosas me hacen vibrar? ¿Qué me pone triste? ¿Dónde pongo mi corazón? ¿Cuáles son mis motivaciones reales al tomar decisiones? ¿Me dejo perturbar fácilmente por emociones pasajeras y superficiales?

Esta tarea de reconocerse y autoconocerse constituye un reto constante; algo siempre digno de mejorar porque ¡cuántas veces hemos tenido la experiencia de que nunca acabamos de conocernos! Recordemos que cada hombre es irrepetible, inconmensurable, inabarcable, por lo tanto, siempre habrá algo en nosotros que va más lejos de nuestra captación, algo que se nos escapa. ¿Quién no ha sentido extrañeza ante su propia voz cuando esta ha sido grabada o quién no se ha sorprendido en una fotografía en la que nos vemos de medio lado o de espaldas? Si el reconocimiento a este nivel tropieza ya con dificultades de identificación, cuánto más entonces a otros niveles propios de estructuras más profundas de nuestra personalidad. Tendemos a vernos bajo apariencias que deforman la realidad de las cosas. Con gran acierto se ha dicho que sería un gran negocio vendernos por lo que pensamos que valemos y comprarnos por lo que realmente valemos. Cuántas veces nos engañamos a nosotros mismos con todo tipo de autojustificaciones y autoengaños.

En definitiva, la sabiduría del «Conócete a ti mismo» requiere capacidad de crítica hacia nosotros mismos, exigirnos para poder vernos tal como somos, sin doblez ni engaño. Ser sincero consigo constituye toda una tarea. Esta tarea implica la necesidad de hacer un parón reflexivo en nuestra vida. Esto nos ayudará a reconsiderar quién soy yo, cuáles son mis virtudes y mis defectos.

El autoengaño nos destruye

En la obra de Fiódor Dostoyevski *Los hermanos Karamazov*, el mayor de ellos, Dimitri, pregunta al monje sabio: «¿Qué tengo que hacer para ser redimido?». El monje contesta: «Antes que nada, no te engañes a ti mismo». Dostoyevski reconoce la extrema y más completa forma del mal en la disolución de la personalidad a través del autoengaño, porque su acción es fundamentalmente disolvente y disgregadora. Una personalidad en la cual se insinúe y prevalezca la presencia del mal tiende a disolverse.

La tentación de lo irreal es constante en el ser humano, pero constantes han de ser también los ánimos para luchar contra esa tentación. De lo contrario, a la hora de decidir qué hay que hacer, no nos enfrentaremos con valentía a la realidad de las cosas para calibrar su verdadera conveniencia, sino que caeremos en algún género de escapismo, de huida de la realidad o de nosotros mismos. El escapista no resuelve los problemas, los evade. En el fondo, teme a la realidad. Y si el problema no desaparece, será él quien viva en la mentira.

Ciertamente, la verdad puede ser en ocasiones difícil de encontrar, pero es importante tener el discernimiento suficiente para distinguir los pensamientos verdaderos de los falsos. Esta distinción es importante porque lo que pensamos determina lo que sentimos, pero no todo lo que pensamos es cierto. Las emociones en muchas ocasiones no confirman lo que pensamos y no todo lo que sentimos significa que sea verdad. Nos damos cuenta, una vez más, de que nos hará mucho bien saber cuestionarnos y reflexionar para no creernos siempre esas historias que nos contamos, ya que muchas veces la manera en la que vemos el problema puede ser el verdadero problema.

Una visión distorsionada de la realidad puede tornarse en problemática cuando la desviación de la realidad resulta exagerada y conlleva consecuencias negativas o destructivas. Es el caso de una persona que a sus cincuenta años y sin entrenamiento previo cree que puede correr un maratón; se arriesga, debido a su autoengaño, al colapso físico.

La debilidad es compañera de la vida humana

Consideremos tres frentes de seducción reales y siempre presentes que ponen a prueba nuestro modo de actuar.

1. La influencia del aspecto económico de la vida. Vivimos en una sociedad materialista que, en muchos casos, nos hace pensar que lo más importante es conseguir medios económicos.

2. Estamos envueltos por un espectáculo hedonista que está a punto siempre de anestesiarnos con satisfacciones sensibles, con encantos superficiales, que no duran ni nos llenan del todo. ¿Cuál es, entonces, la función del placer? Porque parece que, en el fondo, siempre hago lo que me gusta y me dejo llevar por las preferencias que me imponen las tendencias culturales de mi país y de mi época.

3. Estamos sometidos a la capacidad de seducción del poder. En las sociedades avanzadas, los poderes políticos, económicos y mediáticos llegan a configurar de tal forma mi manera de vivir que tal vez mis decisiones sean más aparentes que reales. Otros deciden por mí.

Al dejarnos seducir por alguno de estos frentes se puede adormecer la agudeza de percepción espiritual y la capacidad innovadora en el campo de lo que se opera creativa y libremente. La voluntad está debilitada, falta el señorío sobre uno mismo. En definitiva, nos falta la libertad interior. Por el contrario, está bien demostrado que existe una estrecha conexión entre la capacidad de autodominio y la capacidad de autoconocimiento: me conozco mejor cuando soy más libre y, para ejercer la libertad, necesito saber cómo soy.

Saber quién soy, reconocerme, tratarme y aceptarme. Solo así podré ser protagonista de mi vida. Sabré conducir mi vida. Sabré llevar las riendas en las diferentes situaciones que se presenten. Y es señal de madurez y armonía interior detectar las «luces rojas» que se encienden en nuestro interior, es decir, saber descubrir aquello que chirría en mí y que he de rectificar o ajustar.

No se trata de ser imperturbables y apáticos con falta de *páthos*, de pasión. La persona capacitada para la *ataraxia* —es decir, con equilibrio emocional, armonía y moderación— no es indolente, pues puede estar conmovida, indignada, llena de santa ira, pero sabe afrontar sus imperfecciones y las de los demás con serenidad, con claridad, con autogobierno y autodominio. Es el centinela que está alerta. Sabe detectar dónde están los verdaderos enemigos que muchas veces brotarán del fondo del propio corazón. Sabe percatarse de la parte emocional de los conflictos y manejarla mejor, haciendo frente con claridad y serenidad al enfado, a la agresividad, a la tristeza... porque es dueño de sí. Aprenderá a asumir frustraciones, sacando incluso partido de los fracasos y desengaños. A esto, de manera coloquial, se le suele llamar «tener cintura», ser flexible, saber adaptarse a los diferentes cambios de la vida. Cuando estamos al lado de una persona que, sin perder la sensibilidad, mantiene esta actitud ante la vida, nos sentimos más fuertes.

Uno de los misterios más desconcertantes de la psicología humana es que el solo hecho de tener un ideal de vida excelente no basta para vivirlo. Cuántas empresas proclaman a viva voz ser empresas con vocación de servicio a sus clientes y, sin embargo, en muchos casos, ese servicio no es más que una estrategia comercial, que nada tiene que ver con una misión o con una vocación. Y es que no basta solo con proponerse altos ideales, aunque lo hagamos con mucha convicción.

Todos corremos el riesgo de traicionar poco o mucho nuestros principios e ideales; de ahí la importancia de discernir sobre nuestras elecciones y, de ese modo, poder detectar aquellas decisiones que nos apartan de nuestros grandes objetivos, pues no es lo mismo prestar un servicio auténtico que permita ganar dinero que querer por encima de todo ganar dinero prestando para ello un determinado servicio.

¡Cuántas veces nos proponemos algo que luego no hacemos! Hay quien se propone con mucha fuerza dejar de fumar o llevar un régimen de comidas, o dedicar diariamente un tiempo a aprender idiomas, o a cualquier otra actividad, y después no lo cumple.

Todos tenemos la experiencia de la disgregación, de la incoherencia, de la quiebra interna. Esta es la experiencia de la debilidad humana. Una debilidad que no suprime la libertad, pero la confunde y deteriora. La debilidad es compañera de la vida humana. Es la carcoma de la libertad interior que, como sucede en algunas maderas mal tratadas, acompaña a los muebles desde su origen. Nos quita fuerzas para hacer lo que debemos y, si dejamos que crezca, nos va destruyendo lentamente.[39] Por eso hemos de ser sinceros con nosotros mismos. Conocernos a nosotros mismos requiere encontrar un fondo de referencias internas con las que nos identifiquemos.

La sinceridad de corazón, es decir, ser sincero con uno mismo tanto en la esfera afectiva como en la cognitiva y en la volitiva, nos ayuda a obrar con coherencia. El camino contrario nos conduce a terrenos peligrosos, enfangados, de mentira e incoherencia, porque nos adaptamos al «qué dirán». Fue el filósofo alemán Martin Heidegger quien se refería a esos *Holzwege*, es decir, a los caminos que conducen a la perdición[40] que, en muchos casos, comienzan a andarse cuando se prefiere, por miedo al «qué dirán», callar y dejar a los otros en su ignorancia. Este modo de actuar produce retrasos, deficiencias y trastornos en el proceso de maduración de una persona. Una persona que no corrige por no caer mal puede con esta postura hacer un gran daño. Esta actitud es, casi siempre, la máscara con la que se oculta la comodidad de aquellos que solo van a lo suyo, a sus intereses egoístas. De este modo, se aíslan y se desentienden de toda responsabilidad ante sí mismos y ante los demás. Tratan de echar a otros la culpa de casi todo lo malo que les sucede, eludiendo esa responsabilidad que tienen sobre la mayoría de las cosas que les sucede en la vida. Son personas que no maduran, permanecen como esos higos verdes, pequeños y desagradables de comer.

---

39   Juan Luis Lorda, *Moral. El arte de vivir*, Madrid, 1999, p. 73.
40   Martin Heidegger, *Holzwege*, Fráncfort, 2003.

Somos perfectibles

Si queremos ser personas maduras, con criterio y, vivir en armonía con nosotros mismos, no podemos tener miedo a la verdad. A la verdad sobre nosotros mismos, en primer lugar, y, después, a ser sinceros con los demás. Cuando se obra con rectitud, es decir, cuando la razón es «recta razón» y, por lo tanto, el elegir y el obrar son rectos, no cederemos a chantajes e iremos madurando paulatinamente.

Conviene, en consecuencia, encontrar aquel fondo de referencias internas; poner atención a esas voces interiores, «señales del cuerpo considerado como un todo y tamizadas por la recta razón», que nos indican la diferencia entre lo que nos conviene y lo que no nos conviene, la diferencia entre el bien y el mal. Porque en caso contrario nos podría ocurrir como al protagonista de la obra maestra de Robert Musil, *El hombre sin atributos*:[41] un individuo sin cualidades, que no oye en su *fondo endotímico*,[42] incapaz de actuar con personali-

---

41 Robert Musil, *Der Mann ohne Eigenschaften*, Fráncfort, 2004.
42 Philipp Lersch, *La estructura de la personalidad*, Barcelona, 1968, pp. 99-303. Esta obra —publicada en 1938 con el título *Der Aufbau des Charakters*, y a partir de la cuarta edición (1951) con el título *Aufbau der Person*—, considerada uno de los tratados más importantes de psicología del siglo pasado, aborda los hechos fundamentales de la vida anímica, con el análisis fenomenológico y descriptivo: «La tarea y finalidad de nuestro estudio es llegar a conocer y comprender las múltiples formas en que experimentamos la vida anímica en nosotros y en los demás». Estos hechos —cognoscitivos, tendenciales y sentimentales— los va integrando dentro de un esquema psicológico unitario de la personalidad. «La vida anímica

dad propia, sino que se adapta a las diferentes apariencias que no revisten verdad alguna y toma todas las formas posibles, como si viviera en un baile de disfraces.

Ulrich, el joven protagonista, era un hombre que había sido educado ejemplarmente en el conocimiento y en el saber de su época. Dominaba la física, las matemáticas y la técnica, pero, no obstante, se dejó influir por las claudicaciones de Occidente y por sus pregoneros, hasta convertirse en un hombre sin rostro. Era el prototipo de persona en la que se disuelven

---

del hombre constituye siempre el ser de una unidad indivisible, incanjeable, irrepetible, procedente de un fondo endotímico en el que está anclada. Esta profunda y más última referencia del ser anímico humano se halla más allá del total conocimiento psicológico empírico» (p. 587). Como resumen se pueden citar sus palabras, en las últimas páginas del libro: «Los enfoques psicoanalíticos, procediendo en su experiencia de casos patológicos, generalizaron demasiado sus hallazgos. Seguramente los enfermos en los cuales se aplicó con éxito el psicoanálisis freudiano presentaron ante todo deseos sexuales reprimidos, pudiendo decir algo equivalente de la experiencia de Adler respecto a los sentimientos de inferioridad. Pero de ello no podemos deducir, en modo alguno, que en todo ser humano tengan el sexo y la voluntad de poder la importancia preponderante que desde el punto de vista de la psicología profunda le asignan los referidos autores, pretendiendo con ello encerrar el concepto de dicha ciencia en el molde monotemático de la represión del sexo y del deseo de dominio en la zona del subconsciente. La indiscutible politemática de la vida tendencial humana autoriza a pensar que también pueden ser reprimidas otras pulsiones procedentes de la cordialidad o de la conciencia moral (...), de la simpatía o del auténtico amor o de la inquietud religiosa (...), llegando en algunos casos a originar una desarmonía de toda la persona. Precisamente por razón de su unilateralidad monotemática han sido deformados, desde su origen, los enfoques del psicoanálisis y de la psicología individual» (p. 584).

todos los valores y que acaba enredada en la desorientación moral más absoluta. El autor nos hace ver que a este personaje le falta estar convencido de lo que hace, ya que cambia con frecuencia sus ideales, como si estos no fueran más que una ligera gripe que ya pasó, o como si no hubiese llegado a aprender nada en el transcurso de sus años.

También Martin Heidegger describe en términos críticos la masificación, cuando se refiere a la existencia caprichosa y folletinesca de quien no vive de sus propias potencialidades —de las que le son inherentes a su «poder-ser» (*Seinkönnen*)—, sino que, más bien, se comporta miméticamente y cae en el anonimato, en un ser vivido por otros: «Cada cual es el otro y ninguno es él mismo», así sentencia Heidegger en *Sein und Zeit*.[43]

Robert Musil escribe en *El hombre sin atributos*, en boca de Walter, uno de sus personajes, que «hay que saber apreciar cuándo hoy un hombre tiene todavía el verdadero deseo, la aspiración a ser algo entero, de una pieza». Y Ulrich, el protagonista, responde: «Eso ya no se da. Basta que leas en un periódico. Todo en él está lleno de confusión (*unermessliche Undurchsichtigkeit*). Se habla allí de tantas cosas que incluso rebasarían la capacidad de pensar de Leibniz. Pero uno ni siquiera lo nota; uno se ha hecho diferente. Ya no se contrapone un hombre entero a un mundo entero, sino que un algo humano se mueve en un fluido que lo diluye todo».[44]

---

43 Rüdiger Safranski, *Ein Meister aus Deutschland. Heidegger und seine Zeit*, Fráncfort, 2006, p. 18.
44 Robert Musil, o. c., 2014, p. 186.

En contraste con este modo de vivir, hay una manera de decir y de hacer que, en cada circunstancia de la vida, revela el autogobierno, el dominio sobre el impulso de cada momento. Lo contrario de lo que caracteriza a *El hombre sin atributos* es ser protagonista, artífice de la propia historia. Vivir en primera persona la aventura de la vida. Tener grandes aspiraciones, grandes sueños que puedan hacerse realidad. Ciertamente no dejan de ser bienes arduos y difíciles pero apasionantes, que me he propuesto conseguir. Es importante apuntar alto para engrandecer el corazón y movilizar las energías. Así escribe Antoine de Saint Exupéry: «Cuando quieras construir un barco, no empieces por buscar madera, cortar tablas o distribuir el trabajo. Evoca primero en los hombres y mujeres el anhelo del océano grande y amplio».

Hemos visto cómo la debilidad humana nos puede llevar fácilmente a un desorden de la voluntad que tiene como consecuencia el oscurecimiento y debilitación de la razón y, sin duda, nunca sin culpa propia. Por otra parte, la razón también puede ser perturbada en el ejercicio de su acto de conocimiento por el desorden de los sentimientos o de las pasiones. Es importante descubrir esas posibilidades de oscurecimiento de la razón y hacernos cargo de ellas para así estar prevenidos y poder rectificar a tiempo. Solo de esta manera, después de un diagnóstico depurado sobre nosotros mismos, podremos tender de un modo más eficaz a nuestra perfección.

Todos nosotros somos perfectibles y, por eso, nos corresponde la tarea de perfeccionarnos, de acabarnos. Cada uno de nosotros llevamos dentro un potencial muy grande de mejora (*Seinkönnen*). Todos tenemos unos resortes excepcionales que salen a la luz del día, sobre todo, en situaciones adversas. Todo ser humano al que se le mire directamente a los ojos, apreciándolo en su unicidad, libertad y responsabilidad, se vuelve luminoso como el sol, capaz de liberar grandes energías humanas.

La epidemia de coronavirus ha sido una buena oportunidad para probar que somos capaces de amar al prójimo y no conformarnos tan solo con amar a la humanidad en general. Ha sido, sin duda, un tiempo para hacer un parón reflexivo sobre la vulnerabilidad y fragilidad de la vida y también sobre aquello por lo que vale la pena vivir. Como diría Séneca, una persona que no reflexiona es incapaz de ser artífice de su vida. El buen líder, al encontrarse con alguien, sabe indagar acerca de «cuál es el diamante que se halla oculto en él. Todos esos diamantes que nos rodean componen una fantástica corona cuando uno sabe verlos». Y esta característica tan central y de tanta relevancia se va formando de modo sublime en el *aristós,* es decir, en el líder con excelencia.[45]

---

45   Alfred Sonnenfeld, *Liderazgo ético,* Sevilla, 2020, pp. 54-56.

—7—

TENDER A LA VIDA BUENA

El entusiasmo es abono para el cerebro.

GERALD HÜTHER

Eudaimonia o vida lograda

Hemos visto que el ser humano no solo tiende a la vida buena desde el punto de vista espiritual sino también desde su biología, desde su naturaleza. Pero esto no quiere decir que se trate de un bien fácil de alcanzar. Superar día a día las numerosas incoherencias que se presentan en la vida puede ser muy costoso y para eso es una ayuda muy poderosa estar empapado de pasión y de perseverancia.

Aristóteles reflexionó mucho sobre el bien humano que todos deseamos y que se alcanza cuando se vive en plenitud y se actúa plenamente. ¿Qué quiere decir esto? Aristóteles lo llama *eudaimonia*[46], que se puede traducir

---

46 La palabra *eudaimonía* es la usual para decir «felicidad» en griego. El filósofo griego que más a fondo se ha planteado esta cuestión ha sido Aristóteles, sobre todo en Ética a Nicómaco, con particular profundidad en los libros I y X.

por vida lograda y que es un bien realizable por el ser humano, una realidad factible. Todos deseamos el bien y lo perseguimos con nuestra actividad. Todos aspiramos a ser felices, ser dichosos, vivir bien. Por esto, nuestra conducta es siempre tendencial, como un arquero que apunta a la diana dirige espontáneamente todas sus intenciones hacia un fin que le da sentido a todas sus acciones.

Sin embargo, eso no es suficiente, es necesario aprender a vivir de modo que mi existencia alcance la plenitud a la que está destinada en su totalidad y no solo parcialmente. Como ya habíamos mencionado, algunos llaman a esta buena tendencia del ser humano *el arte de vivir.* Esto es algo que no depende de circunstancias cambiantes ni de quién ostente el poder. Depende de mí, de cuál es mi modo fundamental de ser, de los bienes que me identifican, de qué aspiraciones abrigo, de las prioridades que he establecido en mi vida. Pero junto con estos bienes interiores se requiere también cierta fortuna: amigos, posición económica, salud, belleza, etc.

Actualmente muchas voces que se han hecho agoreras piensan que la *eudaimonia* es un sueño inalcanzable y abstracto. Algo así como una sombra esquiva que muchos buscan compulsivamente incluso por encima de la libertad y que no tienen más remedio que culpabilizar de toda desdicha. Alguna responsabilidad ha tenido también cierto optimismo tecnológico, ilusoriamente convencido de poder construir a golpe de voluntad cielos sobre la tierra. Pero Aristóteles no se refiere al cumplimiento de este sueño prometeico que no deja de ser un sueño utópico, algo inalcanzable en esta tierra y que tan solo produciría una sociedad frágil, excesivamente preocupada por la amenaza del dolor, desvalida, infantilizada por la necesidad de protección.

Aristóteles, al referirse a la *eudaimonia*, habla de un fenómeno radicalmente personal y autobiográfico. Por ejemplo, un empresario puede dedicar muchas energías a algo tan esencial como es su trabajo, pero al mismo tiempo puede descuidar su familia, su salud, su formación cultural y de este modo estaría descuidando la visión global del ser humano. Gozaría parcialmente de gran prestigio profesional, pero en los acontecimientos cotidianos de la familia estaría insatisfecho. Le falta considerar al ser humano en todos sus aspectos y a esto es precisamente a lo que se refiere la palabra *eudaimonia*, que solo se alcanza en la vida del ser humano vista en su totalidad.

Para Aristóteles no es concebible una felicidad parcial y pasajera. Pero junto con los bienes que nos proporciona la fortuna, se requiere sobre todo nuestra implicación, que viene dada de modo eminente por el ejercicio de las virtudes. La *eudaimonia* es una vida conforme con las virtudes que podemos definir como aquellas capacidades del ser humano que nos permiten llegar a la plenitud humana, que es ética y no solo biológica y técnica. Las virtudes nos ayudan a hacer el bien con mayor facilidad, pero esto no significa que se alcance espontáneamente, como dejando que las cosas sigan el curso al que parecen inclinadas, sino conduciendo y guiando nuestra conducta con la razón en cuanto que la razón introduce un orden en los actos voluntarios a fin de que el hombre llegue a ser un buen hombre. También podríamos decir, sabiendo gestionar nuestra vida o aprendiendo a ser empresarios de nuestra vida.

Las virtudes como hábitos que nos facilitan hacer el bien

Las virtudes perfeccionan, por lo tanto, al hombre en su totalidad y no solamente bajo un aspecto parcial. La ética no solo considera al empresario, al médico, al cocinero, al abogado, al político desde el punto de vista de las habilidades específicas de su profesión. Eso equivaldría a tener una visión reducida del ser humano. A la ética también le interesa si es una buena persona en su totalidad, es decir, que también incluye el ser fiel en su matrimonio, ser un buen padre o una buena madre, o un buen compañero de trabajo en el que se puede confiar. La ética considera todos los aspectos de una vida humana para que, de este modo, esa vida llegue a ser una vida lograda, para que el buen economista llegue a ser un economista bueno.

Por naturaleza estamos destinados hacia el bien y hacia lo bueno, pero esto no quiere decir que seamos buenos por naturaleza. Necesitamos también saber elegir bien. Para que nuestras elecciones sean buenas han de proceder de un deseo recto y para esto el ser humano necesita desarrollar las distintas virtudes, que son las que en última instancia rectifican el deseo. Sin tal rectificación nuestras reflexiones y elecciones no pueden ser rectas. «La virtud —dice Aristóteles— es lo que perfecciona al agente y hace perfecta su obra».[47]

---

47   Aristóteles, *Ética a Nicómaco*, II, 6, 1106 a.15.

Hablar de virtud, y de que esta proceda de un orden que introduce la razón, supone comprender que, sin este ejercicio, el hombre no está de forma espontánea inclinado al bien, o que estándolo, necesita una ayuda adicional a esa fuerza con que el instinto lo inclina hacia lo que aparece como bueno. Lo natural, desde este punto de vista, no es, por tanto, aquello que espontáneamente atrae a los instintos del hombre, sino aquello que la razón humana comprende como bien para su persona o para el bien común. La razón permite una visión de conjunto que los instintos de por sí no tienen.

El ser humano se sentirá espontáneamente inclinado a comer hasta la saciedad; y solo la razón podrá advertir, previamente al hartarse, que ya ha comido suficiente. El encauzamiento o integración de los instintos no es falta de libertad, sino ordenamiento de los actos del hombre hacia un fin que, más allá, o incluso en contra de aquel hacia el que instintivamente nos vemos inclinados, es acorde con la conducta humana. Y esto no se refiere solo a los instintos que compartimos con otros animales, sino también a los que parecen más espirituales. El afán de saber ha de ser ordenado racionalmente, pues tampoco lleva en sí una limitación. Cualquiera puede comprender que no se puede pasar la vida leyendo, y que no todo conocimiento tiene utilidad, pero es más difícil saber si aquí y ahora tengo que estudiar o no, y si leer un libro u otro me ayuda más o menos en mi vida.

La palabra griega *areté* y la latina *virtus* designan la excelencia del ser humano como tal. La persona virtuosa no es la que lleva una vida irreprochable porque no haya hecho nada malo, sino aquella que siempre hace uso de sus capacidades humanas para el bien, la que hace el bien de modo soberano, constante y alegre, que es competente e ingeniosa, que sabe lo que se trae entre manos y es capaz de valorar rápida y correctamente cualquier situación. Resumiendo, quien lleva —como diría Aristóteles— una vida buena (*eupraxia*).

La vida buena o lograda es una vida ordenada conforme a las exigencias de la recta razón y, precisamente por eso, es una vida que debe ser considerada como feliz, independientemente de si esa vida está colmada de éxitos o no. Con esto no estamos afirmando que el ser humano sea una esencia puramente espiritual. El ser humano por su naturaleza no solamente tiene un cuerpo, sino que es cuerpo. Por tal motivo las inclinaciones naturales son buenas, pero pueden sustraerse de la integración práctico-cognitiva y operativa de la virtud, haciéndose «infrahumanas». Esto es lo que le reprocha el diablo Mefistófeles a Fausto, burlándose de él e indicando con ello la infrahumanidad a la que puede llegar el hombre cuando hace mal uso de la razón por no ser recta. «La llamáis razón, pero la usáis tan solo para ser más animales que los animales» (Johann Wolfgang von Goethe).

Es, en consecuencia, el bien conocido con el intelecto el que puede poner en movimiento la voluntad y mediante la fuerza de la voluntad con arreglo al orden de la razón, las inclinaciones naturales son conducidas a la perfección. Cuando la inclinación natural no está regulada por la razón puede producir, en su espontaneidad de carácter natural, consecuencias inhumanas. Esto se muestra también en la voluntad humana cuando no está orientada al bien del otro por la virtud de la justicia, es decir, cuando la voluntad aspira de modo principal y natural solo al bien en cuanto bien propio, o incluso experimenta el bien del otro como un mal (envidia, celos).

En casos extremos el hombre puede encontrarse ante una dolorosa alternativa: morir o realizar algo vergonzoso. Hay bienes por los que merece la pena dar la vida, pues la vida éticamente cumplida, la vida no malograda por lo innoble, es preferible a la mera vida. Sin esta consideración previa, la ética se vaciaría de contenido. Para los griegos de la época clásica lo bello equivalía a lo que nosotros llamamos «moralmente bueno» y no les cabía la menor duda de que para respetar la libertad y la dignidad de toda persona, era absolutamente necesario asumir que hay ciertas cosas que no se pueden hacer de ningún modo. Es decir, que hay ciertas prohibiciones absolutas que han de ser respetadas en todo momento, ya que en caso contrario nos autodestruiríamos interiormente.

Ética y estética

«Apropiarse de la belleza» es, por lo tanto, una frase genuinamente griega. Significa subordinar lo material, los bienes, los honores y la técnica a un alto ideal para poder entrar, de esta manera, en posesión de la belleza y de la felicidad. Se trata aquí de la *belleza moral*, de la que se opone a la fealdad, horrible y macabra, que propaga el sofista, el que con vana locuacidad y dialéctica artera esconde su falta de rectitud de intención y la falsía de su obrar.

Para explicar mejor esta realidad, podemos dirigir nuestra atención hacia una figura femenina, Diótima de Mantinea que, en *El Banquete* de Platón desempeña un papel relevante. Con gran sabiduría, Diótima advierte a Sócrates sobre la necesidad de liberarse de la esclavitud de las desviaciones devastadoras del Eros egoísta, irreflexivo, desbocado y vil, que tiende solo a la simple satisfacción de los apetitos sensuales. Y frente a este Eros, propone seguir el Eros noble, de origen divino, cuyo fin es la perfección del ser amado, ya que se halla impulsado por el celo de servir al verdadero bien. Este Eros noble, que puede entenderse como una fuerza educadora que no solo conduce a evitar las malas acciones, sino a servir al amigo, ayudándole a desarrollar su personalidad, a ser feliz, es el que, a la vez, transforma realmente a quien lo sigue en un ser auténticamente dichoso. Lo bello y lo bueno, en fin, no son más que dos aspectos indisociables de una misma realidad que actúa como móvil interior, como una aspiración profunda hacia la excelencia y hacia la perfección en su totalidad: hacia una vida lograda.

Alguien podría preguntarse qué queremos decir aquí, cuando usamos la palabra «bello» y si tal idea guarda relación con lo que consideramos moralmente «bueno». Es evidente que para los griegos lo bello y lo bueno tenían mucho que ver, ya que no son más que dos aspectos de una misma realidad y que el lenguaje corriente de la

Grecia clásica funde en una unidad al entender la excelencia (*areté*) del ser humano como «ser bello y bueno» (*kalokagathía*). En este ser «bello» o «bueno» de la *kalokagathía*, captada en su pura esencia, encontramos el principio supremo de toda voluntad y de toda conducta humana.

De lo dicho se desprende que aquello que nosotros calificamos como moralmente bueno, los griegos lo entendían como la belleza del actuar recto, del actuar con grandeza de ánimo, de hacer las cosas por los demás y no tan solo en beneficio propio, sin dejarse chantajear ni por el dinero, ni por el poder, ni por la vanagloria. En el mundo clásico de los griegos, «la belleza era algo anhelado, que no nace del azar, sino como consecuencia de una disciplina consciente».[48] Y solamente de los *kaloikagathoi* (bellos y buenos) surgen los *aristoi* (los mejores), los líderes.[49]

Dar a nuestra vida un sentido profundo

Disfrutar de la *eudaimonia*, de la vida lograda, no significa llevar una vida sin tensiones, sin problemas de ningún género. No se trata de «tener la vida resuelta», como se suele decir, sino de tener un corazón enamorado, que se sabe ilusionar y entusiasmar con los retos grandes o pequeños de cada día.

48   Werner Jaeger, *Paideia. Los ideales de la cultura griega*, México, 1957, pp. 28-29.
49   Claude Mossé, *Pericles. El inventor de la democracia*, Madrid, 2007, p. 36.

El fundador de la logoterapia, Víctor Frankl, prisionero durante mucho tiempo en los tremendos campos de concentración nazis, sintió como pocos lo que para él significaba una «existencia desnuda». Su esposa, sus padres, su hermano murieron en esos campos de exterminio, de tal suerte que, salvo una hermana, todos perecieron. Lo único que le quedaba —así afirmaba Frankl— era la capacidad de elegir, es decir, la actitud personal de decidir ante un conjunto de circunstancias.[50]

¿Cómo despertar en los demás la responsabilidad de vivir incluso serenamente sin perder la esperanza, por muy adversas que se presenten las circunstancias? Para contestar a esta pregunta, Frankl cita con frecuencia la célebre frase de Friedrich Nietzsche: «Quien tiene un *porqué* para vivir, podrá soportar casi siempre el *cómo*».[51] Pero este «porqué» ha de ser descubierto por cada uno haciendo uso de su propia responsabilidad, que no podrá ser reemplazada por nadie.

Frankl hace referencia a dos casos fallidos de suicidio, que guardan entre sí mucha similitud, acaecidos en un campo de concentración. Los suicidas habían exteriorizado su intención irrevocable basándose en el argumento frecuente de que ya no esperaban nada de la vida. En ambos casos, se trataba de hacer comprender a estas personas que la vida sí esperaba todavía algo de ellas. A uno le quedaba un hijo al que adoraba y que le aguardaba en

---

50 Víktor E. Frankl, *El hombre en busca de sentido*, Barcelona, 1986, pp. 68-70.
51 *Ibidem*, p. 9.

el extranjero. Al otro no era una persona, sino una tarea, lo que le esperaba: ¡su obra! Era un científico que había iniciado la publicación de una colección de libros que debía acabar. Tan solo él podría llevar a término esa obra. El haber asumido conscientemente la responsabilidad ante aquel hijo, que le espera con todo afecto, o ante la obra inacabada, les ayudó a no tirar su vida por la borda. Conocer el «porqué» de tu existencia te ayudará a soportar casi cualquier «cómo».[52]

Necesitamos, por tanto, dar a nuestra vida un «sentido profundo».[53] De este modo sabremos concretar nuestra misión o vocación específica, dándonos cuenta de que no volverá a repetirse en la vida. La tarea de cada uno será única e irrepetible. Y si soy o no soy excelente en mi modo de ser dependerá de «cómo» tome decisiones. Quien olvide esto es fácil que no llegue a conseguir nada que valga la pena, y que carezca en su actuación de una trayectoria definida capaz de inspirar serenidad y confianza a los que le rodean.

El hombre es un ser intrínsecamente perfectible, es decir, se perfecciona por dentro mediante el buen uso de su libertad. Se opta por un determinado camino y se dejan los demás. La vida humana consiste en elegir y toda elección es a la vez exclusión. Al diseño y realización de ese conjunto de decisiones, preferencias y postergaciones se le llama proyecto vital. Y para proteger ese proyecto vital y la libertad que lo hace posible,

---

52   *Ibidem*, p. 81.
53   Víctor E. Frankl, *La voluntad de sentido*, Barcelona, 1994.

necesitamos las virtudes. ¿Y eso por qué? Pues sencillamente porque la naturaleza humana se perfecciona por
sus hábitos buenos, no por sus vicios. La elección de un
vicio disminuye considerablemente nuestra libertad, y
la elección de una virtud la aumenta.

Ser «virtuoso» no es sinónimo de bondadoso o de
persona de espíritu débil. Por el contrario, la virtud
consiste en estar entrenado para lo arduo y lo valioso.
Por eso, la ética, que mira a la adquisición de virtudes,
es un modo de ganar libertad interior. Ganar o perder
libertad es, en primer lugar, enriquecerse o empobre-
cerse en virtudes o vicios, en fuerza o debilidad. La libertad crece o disminuye, en primer lugar, dependiendo de cómo se use. El buen educador o el buen líder
han de tener esto muy claro, para ayudar a desarrollar
el potencial que todos llevamos dentro.

Captar y aceptar la tarea que la vida me encarga supone saber adaptarse a los cambios de la vida, sobre
todo cuando pensamos que tenemos una vida estable,
construida y encarrilada y, de pronto, nuestra existencia parece dar un golpe de timón y esa seguridad desaparece o se tambalea un instante. Por ejemplo, en el
momento en el que nuestro puesto de trabajo deja de
ser seguro, o cuando es necesario introducir cambios
para que la relación matrimonial crezca.

Ante estos casos, la buena reacción consiste en in-
cluir en mi vida la nueva tarea. Comienza entonces la
aventura de acometer esa nueva situación con serenidad. Saber reorganizar la propia vida para dedicarme a
cumplir la tarea que se me plantea en el encuentro con
la realidad. La verdad me encarga una tarea vital. Me

hago cargo de ella sabiendo llevar las riendas en las diferentes situaciones de la vida, pero sin dejar de afrontar la verdad de las cosas. Así se expresaba el gran escritor alemán Matthias Claudius en una carta dirigida a su hijo: «La verdad, hijo mío, no se dirige hacia nosotros, sino que somos nosotros los que tenemos que ir hacia ella». Estas palabras contienen una gran sabiduría. Un hombre es feliz si realiza lo que verdaderamente quiere, iluminado por su conciencia, y lo que puede, contando con unos límites y siendo capaz de aceptarse a sí mismo, a los demás y, por supuesto, a la realidad tal y como viene dada.

Los genes no crean la moral, pero favorecen el bien

Habíamos iniciado nuestras reflexiones en este libro preguntándonos por aquellas herramientas que hacen posible superar los retos del mañana. Hemos contestado diciendo que nuestro cerebro, debido a su gran plasticidad, es muy adaptable y esta propiedad facilita que podamos superar cualquier reto futuro. Pero, además, los genes, en caso de que vivamos tendiendo hacia una vida buena, hacia una vida prosocial llena de sentido, reaccionarán produciendo unos patrones neuronales que favorecen nuestra salud.[54]

---

54   Joachim Bauer, o.c., 2021, pp. 38-40.

Así como el ser humano es por naturaleza social, y, como veremos más adelante, únicamente podremos ser felices siendo solidarios y contribuyendo con nuestra vida al bien común, de igual modo hemos de entender que el ser humano, por naturaleza, por su biología, y no solamente a través de su espíritu, está orientado hacia una vida buena, hacia una vida humanitaria. Ciertamente los genes no nos dicen en qué consiste llevar una vida buena, pero al vivir con esa actitud y tendencia hacia el bien, estos contribuyen a que las prolongaciones de las neuronas de nuestro cerebro segreguen unas sustancias que podemos entender como «abono para el cerebro» y que con Gerald Hüther hemos acordado en denominar «sustancias mensajeras neuroplásticas».[55] De este modo estaremos capacitados para saber disfrutar más y mejor de la vida y sobre todo para llevar una vida más sana por disponer de unos telómeros más largos y unos genes que podríamos denominar «mágicos», ya que contribuyen a que se segreguen esas sustancias mensajeras neuroplásticas de las prolongaciones de las neuronas abonando nuestro cerebro y llenándonos de ilusión y de entusiasmo.

Es por tanto la actitud interior de una persona, con un propósito vital en cada etapa de su existencia, la que favorece nuestra salud corporal y psíquica y, además, nos coloca en una posición adecuada para solucionar mejor los retos del futuro. Este descubrimiento ha sido

---

55   Gerald Hüther, Sven Ole Müller y Nicole Bauer, *Wie Träume wahr werden*, Múnich, 2018, pp 11-119: «Begeisterung ist Dünger fürs Gehirn».

calificado por muchos científicos como un antes y un después.[56] Pero ¿cómo se llegó a este descubrimiento? Sabemos que la mayoría de las enfermedades por las que hoy en día se acude al médico son debidas a una inflamación.

La inflamación consiste en un conjunto de reacciones generadas por el cuerpo como respuesta a una agresión: una lesión, infección o traumatismo. Nuestro sistema inmunitario nos defiende ante estos ataques, protegiéndonos de las infecciones y la gangrena. Cuando la inflamación es visible la zona afectada se enrojece, hay dolor, hinchazón y aumento del calor local. Las inflamaciones se producen cuando el cuerpo activa aquellos genes que son necesarios para la creación de sustancias inflamatorias

Sin embargo, la inflamación es como una moneda con dos caras. Por un lado, hablamos de la inflamación aguda que se produce después de un corte en la rodilla, un tobillo torcido o un dolor de garganta. Es una respuesta a corto plazo con efectos localizados. Se trata de una reacción absolutamente necesaria que contribuye a la sanación del cuerpo. Pero por otro lado la inflamación puede ser crónica, hecho descubierto hace pocos años, permaneciendo en el organismo de manera sutil y, en muchos casos, sin ser percibida ni detectada por nuestro sistema inmunológico.[57] Hasta que de repente, y de modo inesperado, aparece con los síntomas

---

56   Joachim Bauer, o.c., 2021, pp. 25-31.
57   *Ibidem*, pp. 26-27.

de una arteriosclerosis, un cáncer o una demencia. Hoy por hoy podemos afirmar que un buen número de infartos de miocardio, derrames cerebrales, diferentes tipos de cáncer y demencias son consecuencia de inflamaciones crónicas sigilosas.

Gracias a la moderna ingeniería genética se han podido incluso detectar y visualizar reacciones inflamatorias que antiguamente eran invisibles. Hoy esto ha cambiado, sencillamente, porque se puede medir la actividad no solo de un gen, sino la actividad de un grupo de 53 genes conocidos como genes de riesgo y que actúan conjuntamente en las inflamaciones crónicas. Así se consiguió desarrollar una técnica con la que se puede medir la actividad inflamatoria de un grupo de 53 genes de riesgo.[58]

Ciertamente no tiene nada de extraño y es algo que sabemos desde hace mucho tiempo que, como consecuencia del tabaquismo, del consumo inmoderado de alcohol o de situaciones de estrés, se activa ese grupo de 53 genes, potencialmente dañino para la salud. Lo insospechado e inverosímil fue reconocer que no solamente el tabaquismo, el alcohol inmoderado o el estrés son dañinos para la salud sino también la falta de una actitud magnánima ante la vida.

Cuando estos estudios fueron publicados por primera vez en *Proceedings of the National Academy of Sciences* causaron un gran impacto. Lo más sorprendente fue que los expertos se sirvieran de conceptos filosóficos

---

58   *Ibidem.*

acuñados en la Grecia clásica para describir este proceso, como el de vida *eudaimónica*, es decir vida lograda, que no equivale necesariamente a vida exitosa. Lo que vinieron a decir quienes hicieron los ensayos clínicos, Barbara Fredrickson y Steven Cole,[59] es que los genes de riesgo de aquellas personas con metas a largo plazo y capaces de darle un sentido a sus vidas, eran menos dañinos que los de aquellos que viven de acuerdo con el principio hedonístico del aquí y ahora, incapaces de posponer lo que desean para lograr un bien mayor a largo plazo. Los primeros son, por tanto, personas con menor peligro de padecer un infarto de miocardio, un derrame cerebral o enfermedades neurodegenerativas o cancerígenas.

Estos estudios científicos y los resultados correspondientes han contribuido a la aparición de una nueva disciplina en el mundo de la ciencia conocida con el nombre de *social genomics*.[60] Con ella se quiere subrayar que tanto nuestro modo de vivir como nuestro modo de pensar ejercen una gran influencia sobre nuestro cuerpo.

59   Barbara L. Fredrickson y Steven Cole, «Human cells respond in healthy, unhealthy ways to different kinds of happiness», en *Science News*, 29 de julio de 2013.
60   Steven W. Cole, «Human Social Genomics», en *Plos Genetics*, 28 de agosto de 2014.

LA FELICIDAD SOLO ES REAL SI SE COMPARTE

La felicidad no puede ser obtenida queriendo ser feliz.
Tiene que aparecer como consecuencia no buscada
de perseguir una meta mayor que uno mismo.

VÍCTOR FRANKL

En un determinado aspecto, la historia del hombre
es el relato de la lucha entre el bien y el mal.

MARTIN LUTHER KING

Una zanahoria como signo de solidaridad

Batsheva Dagan fue una mujer judía que consiguió sobrevivir al Holocausto. En cierta ocasión contó, delante de una cámara de televisión, de dónde pudo sacar la fuerza necesaria para superar aquellos momentos tan terribles de deshumanización. Para ella estaba claro que la solidaridad entre las mujeres agrupadas en un barracón fue lo que les dio fuerza para superar esos momentos tan dramáticos. Durante la entrevista reflexionaba sobre una solidaridad que las dispuso a comprometerse totalmente unas con otras y protegerse contra todo tipo de deshumanización.

Cierto día, encontró una zanahoria en el camino que iba desde la cocina del campo de concentración hasta su barracón. La cogió con rapidez, pero en lugar de comérsela la llevó hasta donde se encontraban sus compañeras y la troceó en ocho partes, una para cada mujer. No resulta difícil imaginar lo que luchó para no ingerir aquel tubérculo, pero Batsheva explicó que el instinto de unión y de cooperación es mayor que el de supervivencia. La ayuda mutua y la cooperación constituyen los medios más importantes para sobrevivir en tiempos de indigencia.

Este instinto de cooperación y solidaridad aparece de modo incipiente a muy temprana edad. Hay numerosos estudios que demuestran que niños de quince meses se ayudan unos a otros, de manera natural, o comparten alimentos entre ellos. También se consuelan mediante abrazos o caricias.

El psicólogo canadiense-estadounidense Paul Bloom realizó numerosos trabajos con niños en la Universidad de Yale y llegó a la conclusión de que son por naturaleza altruistas y a partir de los seis meses ya saben distinguir entre el bien y el mal. Según las teorías clásicas, elaboradas por psicólogos especializados en la infancia como el suizo Jean Piaget y el estadounidense Lawrence Kohlberg, los seres humanos llegamos al mundo sin ninguna clase de sentido moral. Este se desarrollaría durante las distintas fases de la maduración de cada persona. En un primer momento las normas se cumplen por obligación, para obtener una cierta recompensa o evitar un castigo, y luego se incorporan cuestiones como la interpretación de los intereses y necesidades de los demás, el acuerdo, los puntos de vista, etc.

Sin embargo, los estudios del equipo de Paul Bloom expuestos en su libro *Solo bebés: los orígenes del bien y del mal (Just Babies: The Origins of Good and Evil)* pusieron en tela de juicio tal creencia, ya que descubrieron que, con seis meses de edad, los bebés ya efectúan juicios morales acerca del comportamiento de los demás. Lloran cuando perciben que alguien es tratado injustamente y muestran empatía con él. Pero esta propiedad innata que presentan los niños puede desaparecer en caso de no consolidarse, como ocurre con los pequeños que crecen en un ambiente falto de empatía. En esas ocasiones, de forma instintiva, crean en sus cerebros mecanismos de protección para poder superar el frío emocional que les rodea.

Dado que el ser humano es profundamente social, necesita relaciones llenas de cariño y de comprensión, así como el apoyo de personas ejemplares que lo inspiren para que el don de la empatía se pueda desarrollar y madurar convenientemente. La empatía es la habilidad cognitiva, emocional y afectiva que tiene una persona para ponerse en la situación emocional de otra. Su importancia es vital, ya que motiva la conducta prosocial y evita la conducta agresiva.

El ser humano es social por naturaleza

Hemos afirmado que nuestro cerebro es profundamente social. ¿Qué queremos decir con esto? Sencillamente que nadie se basta a sí mismo. Todos dependemos de los demás. Ya hemos mencionado la célebre frase de Martin Buber: «Yo me hago gracias al tú». Nuestra dimensión relacional no es algo añadido a nuestra naturaleza humana, sino parte esencial de ella. En caso de no tenerla en cuenta nos destruiríamos a nosotros mismos.

Tal como hemos visto en el ejemplo de Batsheva Dagan, necesitamos de los otros para vivir y más todavía en situaciones de necesidad. Las sociedades se construyen de abajo arriba. Partimos de nuestra familia y seguimos con los amigos, los compañeros de trabajo, los conocidos..., de manera que las diferentes interacciones sociales, con sus vínculos familiares, de amistad, de trabajo, que se forman, rompen, reconstruyen, van creando unas redes sociales tupidas y una constante construcción de alianzas. Todo este entramado se genera gracias a nuestro cerebro —que es social y relacional—, pero también gracias a nuestros intereses, nuestra actitud y nuestro estado de ánimo, que influyen sobre nuestros genes haciendo que nuestro cerebro se adapte a las nuevas situaciones.

El cerebro cambia constantemente y no es nada predecible. Preguntar cómo funciona un coche o un ordenador es muy distinto a preguntar cómo funciona un cerebro que no deja de actuar, tanto si estamos despiertos como dormidos, y además lo controla todo y le afecta todo. El cerebro sabe adaptarse a los entornos y a las diferentes situaciones; si viviésemos en la Amazonia sabríamos diferenciar ciento veinte tipos de tonalidades de verde, pero como habitamos en Europa, no necesitamos distinguir más de tres tipos.

Relaciones personales:
fuente de bienestar imprescindible

Nuestro bienestar depende eminentemente de nuestras relaciones interpersonales ya que desempeñan un papel fundamental en nuestro desarrollo y felicidad. A través de estas relaciones obtenemos importantes refuerzos sociales que favorecen la adaptación a nuestro entorno. Tener habilidades para establecer relaciones adecuadas con los demás nos abre puertas. Por el contrario, la carencia de buenas relaciones puede ser la causa de muchas dificultades. Las habilidades sociales o de relación interpersonal están presentes en todos los ámbitos de nuestra vida. Son conductas concretas, de complejidad variable, que nos permiten sentirnos capacitados en situaciones y escenarios diferentes, así como obtener una gratificación social.

Hacer nuevos amigos y mantener nuestras amistades a largo plazo, expresar a personas de confianza nuestras necesidades, compartir nuestras experiencias, empatizar con las vivencias de los demás y actuar generosamente, son algunos ejemplos que muestran su importancia.

Tanto el trabajo mental como las sensaciones y experiencias que tenemos cada día dejan su huella en las diferentes estructuras del cerebro, es decir, se transforman en biología. Pero, además, todo aquello que aprendemos, vivimos y experimentamos tiene lugar en conexión íntima con las relaciones interpersonales, es decir, nuestro bienestar depende de la calidad de nuestras relaciones con las personas con las que convivimos día a día.

Son estas relaciones las que van a influir, de modo importante, sobre el aumento o disminución de las sinapsis (uniones entre las prolongaciones de las neuronas), pero también sobre su peso, sobre la formación o destrucción de nuevos caminos, carreteras y autopistas cerebrales que se van desarrollando, consolidando o atrofiando, dependiendo del uso que hagamos de ellas. Se trata de un proceso que los ingleses y americanos denominan *experience dependent plasticity of neuronal networks*. Diferentes genes son activados o inhibidos, se forman nuevas neuronas y consiguen llegar al lugar en el que son necesarias para el uso cerebral o, por el contrario, son destruidas y eliminadas por falta de dicho uso. Todos estos procesos de adaptación cerebral a los diferentes estímulos como resultado del aprendizaje y de la experiencia reciben, tal como habíamos visto, el nombre de plasticidad cerebral o neuroplasticidad; el cerebro no cesa de reestructurarse adaptándose, para ello, a los diferentes estímulos del mundo exterior.

Estos cambios, que casi podríamos calificar de infinitos y que tienen lugar en los cerebros de cada ser humano hacen que cada persona sea completamente única e irrepetible. Sin embargo, a pesar del interminable y espectacular dinamismo cerebral, permanece el interrogante de *nuestro yo*, de nuestra identidad. Con lo dicho no estamos afirmando que el «yo» que se está formando sea lo mismo que su cerebro. Hay quienes opinan[61] que el yo es generado por el cerebro, el yo sería producto del

61   Sam Harris, *Free Will*, Nueva York, 2012.

cerebro y por lo tanto no sería libre. Pero esta afirmación adolece de toda justificación. En nuestro análisis sobre la formación del autoconsciente estaríamos equivocados si pensásemos que cada uno es su cerebro. Sin poseer un cerebro más o menos sano, sin duda, no podríamos pensar, estar despiertos o ser conscientes. Pero de eso no se puede concluir que somos idénticos a nuestro cerebro.[62] El ser humano es mucho más que su cerebro.

Hemos de insistir en que nuestro «yo» se va formando gracias a la interacción social con otras personas. Es más, un «yo estable tan solo podrá originarse ante la presencia del otro».[63] Con el tiempo ese aprendizaje ante el otro podría interrumpirse drásticamente si se infiltran formas patológicas de narcisismo. El narcisismo se diferencia netamente del amor propio saludable, que no tiene nada de patológico. El narciso está ciego para los demás. El otro desaparece. La excesiva relación del narcisista con su propio ego produce en él un vacío existencial.

El niño en su interacción con el mundo exterior dista mucho de ser pasivo. Los bebés, desde los primeros meses de vida, entran a formar parte activa de un mundo físico y social, mostrando un tono emocional diferente en función de los estímulos con los que están interactuando. Tanto es así que los pequeños se percatan de la atmósfera en la que crecen y maduran.

---

62 Markus Gabriel, *Yo no soy mi cerebro. Filosofía de la mente para el siglo XXI*, Barcelona, 2016, p. 39.

63 Byung-Chul Han, *Die Austreibung des Anderen. Gesellschaft, Wahrnehmung und Kommunikation heute*, Fráncfort, 2018, p. 32: «Ein stabiles Selbst entsteht erst angesichts des Anderen».

La resonancia humana como elemento constitutivo de la felicidad

Registramos fácilmente aquellos fenómenos manifiestos y ostensibles como un agravio o golpe emocional fuerte, un enamoramiento alocado y sobre todo aquellas formas físicas de violencia que una persona ejerce sobre otra o sobre un colectivo. Estas agresiones psíquicas y físicas de gran intensidad suelen acaparar toda nuestra atención, sin embargo, también las palabras o simples gestos pueden tener consecuencias sanadoras o demoledoras para la salud de una persona. En realidad, todo influye en todo y nadie puede aislarse del contexto inmediato sin recibir de él su influencia. Esto es lo que se conoce con el nombre de resonancia:[64] estar expuesto a la influencia de personas de su entorno. Estas influencias que suelen ser bidireccionales ocurren por lo general de un modo sutil y solapado sin que apenas lo notemos.

Las resonancias que se producen en el recién nacido son vitales para su existencia. Gracias a ellas el niño podrá salir poco a poco de su desorientación inicial dándose cuenta de que cuando exterioriza algo, en la mayoría de los casos habrá alguien que corresponda a sus gestos y señales. De este modo se irá formando su identidad, su autoestima, su seguridad y la confianza en sí

---

64 Joachim Bauer, *Wie wir werden, wer wir sind. Die Entstehung des menschlichen Selbst durch Resonanz*, Múnich, 2019, p. 23: «Wer in Resonanz geht, verändert sich».

mismo y en el mundo que lo rodea. Podemos afirmar que el otro, ya sean sus progenitores o sus cuidadores, es necesario para la formación de una «conciencia de sí» estable en el niño.

Las señales que envía el bebé a través de miradas, de la mímica, de movimientos no intencionados, sonidos de bienestar, de satisfacción, de malestar o de miedo pueden producir en el adulto una resonancia, pero únicamente en el caso de que sus sentidos estén orientados hacia el bebé. Esta situación se parece mucho a la de un encuentro entre dos personas, por lo que puede contribuir a que tanto el adulto como en el bebé cambien a causa de un intercambio mutuo.

Solidaridad humana y gratitud

La naturaleza nos dice que estamos hechos para la cooperación. Es precisamente la cooperación armónica entre los seres humanos lo que nos hace ser felices. Nuestra realidad de seres humanos conlleva necesariamente la apertura a los otros y es en esta relación en la que alcanzamos nuestra felicidad. Para que podamos hablar de una vida lograda o malograda hemos de tener muy en cuenta el ámbito de relaciones en el que se desarrolla nuestra existencia. Pero no solamente relaciones personales, sino todas las formas de cooperación social. Lo que nos motiva, sobre todo, es la satisfacción que nos proporcionan nuestras relaciones sociales cuando suponen estima, valoración, reconocimiento, gratificación y simpatía.[65]

Por lo tanto, ¿qué tiene que ocurrir para que el ser humano libere lo que los neurobiólogos han acordado en denominar, las hormonas de la felicidad, sobre todo la dopamina, la oxitocina y los opiáceos endógenos? La contestación clara y precisa es: la buena convivencia social y el mejor logro de las relaciones humanas.

Las hormonas de la felicidad no solo son segregadas cuando otras personas hacen algo bueno por nosotros. También desempeñan su función cuando, en contra de todo egoísmo, actuamos generosamente sin recibir nada a cambio. Hoy en día causan sorpresa, y a muchos deja atónitos, las actuaciones de personas que hacen buenas obras sin esperar nada a cambio. También hechos como estos son explicados por los nuevos descubrimientos de la neurobiología, que demuestra que este modo de actuar es profundamente humano y se halla originariamente anclado en nuestro cerebro.

Insistimos una vez más en que los niños nacen con el deseo de ayudar y de hacer cosas buenas por los demás. Muchas veces los problemas surgen posteriormente, por las malas influencias que son toleradas y el cerebro, como hemos visto, se adapta también a situaciones desastrosas que finalmente se aceptan y hasta se adoptan, lo que evidentemente es indeseable.

---

65 Joachim Bauer, *Prinzip Menschlichkeit. Warum wir von Natur aus kooperieren*, Múnich, 2014, pp. 35-38.

Pero, por naturaleza, el cerebro humano no solo está calibrado para vivir de modo adecuado la solidaridad humana y el compromiso social; no es únicamente un órgano social, también dispone de un calibrador para la justicia y la lealtad. Tiene la tendencia, casi se podría decir el instinto, para la repartición justa y equitativa de los recursos disponibles. Por este motivo no se habla solamente de un *social brain*, sino también de un *egalitarian brain*.[66] Desde el punto de vista del sistema motivacional, y por tanto neurobiológico, vale la pena vivir cuidando la solidaridad humana y la generosidad, ya que de este modo nuestro sistema motivacional reacciona liberando las hormonas de la felicidad a las que ya nos hemos referido y que, repetimos, son, sobre todo, la dopamina, la oxitocina y los opiáceos endógenos.

Después de lo dicho podemos entender mejor la contestación del gran psiquiatra y escritor estadounidense Karl Meninger, que vivió hasta los cien años y al cual, antes de morir en 1990, le preguntaron qué le recomendaría a una persona que sufriera una depresión nerviosa. Él contestó sin titubeos: «Salga de su casa, cruce las vías del ferrocarril, encuentre a alguien necesitado, y haga algo por él. Libérese del yo por un tiempo, y empezará a sentirse mucho mejor».

La base neurobiológica que acabamos de describir, y que conduce a la aceptación social y a la ayuda mutua, explica también el hecho de que los bebés, antes incluso de poder hablar, favorecen claramente las estrategias de cooperación.

---

66   Joachim Bauer, o. c., 2013, pp. 37-38.

— 9 —

EXCLUSIÓN SOCIAL

El lenguaje es el bien más precioso y a la vez
el más peligroso que se ha dado al hombre.

FRIEDRICH HÖLDERLIN

Las palabras no son ni inocentes ni impunes

Nuestras palabras tienen el poder de crear y también de destruir; el de consolar y el de herir. Los científicos han comprobado que las palabras no son inocentes. Las de rechazo, menosprecio o «ruptura amorosa» activan las mismas zonas del cerebro que el dolor físico. Expresiones como «me partió el corazón» o «me apuñaló por la espalda» son más literales de lo que parecen y constituyen un apasionante campo de investigación.

«No medir el alcance de las palabras —decía Franz Kafka (1883-1924)— contribuye a demoler la mayor invención del hombre, el lenguaje. Quien insulta injuria el alma. Es un atentado contra la piedad que también cometen quienes no miden correctamente sus palabras. Y es que hablar quiere decir, medir y precisar. La palabra es una decisión entre la vida y la muerte».[67] Pensar antes de hablar tiene mucho sentido y fácilmente comprendemos lo que decía el premio Nobel de literatura, José Saramago (1922-2010): «Las palabras no son ni inocentes ni impunes, hay que decirlas y pensarlas de forma consciente».

Análogamente, las palabras de un doctor pueden sanar o llegar a empeorar al paciente. Si un médico o una enfermera te trata bien, te sentirás mejor. Pero si quien te atiende no cuida sus palabras y sus gestos, ocurrirá lo contrario. La actitud del doctor con el paciente puede marcar la diferencia entre sanarlo o enfermarle más. Suele ser más fácil influir negativamente sobre los temores del paciente que positivamente sobre su gran potencial de regeneración.

Imaginemos a un paciente que acude a la consulta con dolor de rodilla. El médico le diagnostica artritis, y después le dice que tiene la rodilla desecha y que los medicamentos que necesita le pueden provocar dolores de estómago y náuseas. Lo más probable es que dicho paciente salga sugestionado de manera negativa de la consulta y sufra, así, lo que se conoce con el nombre de «nocebo».[68]

Las palabras que pueden influirnos de forma negativa aparecen en muchos contextos: el prospecto de una medicina, las noticias de los medios de comunicación, los bulos que nos inundan por internet. Asimismo, no

---

67 Gustav Janouch, *Conversaciones con Kafka*, Barcelona, 1999, p. 87.
68 *https://www.bbc.com/mundo/noticias/2015/03/150313_palabras_doctor_nocebo_salud_finde_jm*

122

podemos olvidar que muchos placebos han influido sobre la salud del paciente de forma positiva, dando unos resultados excelentes. Efectivamente, un alto porcentaje de pacientes se curan porque creen que están recibiendo un medicamento cuando lo que están tomando es un simple caramelo. Un estudio demostró cómo pacientes depresivos tratados con placebo por un doctor empático respondían mejor que otros tratados con fármacos reales por un psiquiatra distante y frío.

La exclusión social provoca el mismo dolor que una herida física

El cerebro percibe tanto el dolor físico como el psicológico, el producido por un golpe como el ocasionado al ser rechazados o excluidos. En este último caso los centros cerebrales del dolor reaccionan de modo análogo al dolor físico. La marginación y la humillación, literalmente, duelen.

La directora del Departamento de Psicología de la Universidad de Los Ángeles en California, Naomi Eisenberger,[69] fue la pionera en descubrir la analogía

69   Sylvia A. Morelli, Jared B. Torre y Naomi I. Eisenberger, «The Neural Bases of Feeling Understood and Not Understood», en *Social Cognitive and Affective Neuroscience*, 2014; véase también *http://tinyurl.com/qhesezs* y Naomi I. Eisenberger *et. al.*, «An Experimental Study of Shared Sensitivity to Physical Pain and Social Rejection», en *Pain*, 126, 2006, pp. 132-138.

entre el dolor físico y el dolor de marginación. En un experimento pidió a unos voluntarios a quienes se les aplicó un escáner de resonancia magnética que participasen en un juego de ordenador en el que tres personas se pasan un balón. Cuando dejan de pasarle la pelota a uno de ellos, se siente menospreciado, lo cual provoca sobrecargas de tensión en el córtex cingular anterior (CCA). Además, un insulto duele literalmente. La angustia que provoca un insulto es similar a la respuesta emocional ante el dolor físico o a revivir una ruptura con la expareja.

Gracias a la resonancia magnética funcional podemos detectar los cambios de distribución del flujo sanguíneo en las distintas zonas cerebrales cuando el individuo siente, piensa o toma decisiones. Esta técnica ha hecho de la neuroimagen uno de los métodos más avanzados en el estudio del sistema nervioso, lo cual permite medir ciertas actividades de áreas cerebrales sin tener que hacer uso de técnicas invasivas que nos obligarían a penetrar en el interior del cerebro. La neuroimagen nos permite ver cuál es el tipo de comportamiento humano y cuáles son las experiencias, emociones y sentimientos relevantes que activan el sistema motivacional del cerebro.

Tal como hemos dicho, fue Naomi Eisenberger quien, gracias a la imagen por resonancia magnética funcional, descubrió que no solamente el dolor físico deja su huella dactilar en la corteza cingular anterior del cerebro (CCA); esta misma huella se puede observar como consecuencia de las diferentes formas de marginación o de insultos verbales, de desprecio o de exclusión.

Otros estudios han confirmado esta relación entre un dolor emocional y la huella dactilar en el cerebro. El rechazo social no solo deja una huella en el córtex cingular anterior, sino también en la ínsula o corteza insular, situada en la superficie lateral del cerebro, dentro del surco lateral que separa la corteza temporal de la parietal inferior. Esta estructura cerebral responde a diferentes tipos de dolor, por ejemplo, el debido a una rotura de ligamentos en la rodilla, pero, de modo análogo, ante una ruptura amorosa.

Ethan Kross, de la Universidad de Michigan en Ann Arbor,[70] estudió a cuarenta personas que habían pasado por una ruptura amorosa en los últimos seis meses, y les pidió que viesen una foto de su expareja y pensasen en su reciente ruptura al tiempo que se les aplicaba un escáner de IRMf (imagen por Resonancia Magnética Funcional). Los resultados fueron muy semejantes a los obtenidos por Naomi Eisenberger. La experiencia del corazón roto deja una huella dactilar en el córtex cingular anterior y en la corteza insular.

Estos hallazgos han marcado un antes y un después en la neurobiología y resultan muy útiles para entender mejor la medicina psicosomática y cómo los procesos mentales influyen sobre nuestro cerebro. En este caso a través de humillaciones, exclusión social o alejamiento de la persona querida. Esto ya lo intuía, a finales del siglo XIX, el famoso filósofo y psicólogo estadounidense

---

70   Ethan Kross *et. al.*, «An fMRI-Based Neurologic Signature of Physical Pain», en *The New England Journal of Medicine*, 368, 2013, pp. 1.388-1.397.

William James (1842-1919), profesor de Psicología en la Universidad de Harvard y fundador de la psicología funcional. Hace más de cien años, afirmaba que, si nadie nos mirase al entrar en un cuarto de estar, si nadie nos contestase al dirigirle la palabra, si nadie percibiese lo que estamos haciendo, si nos tratasen como si no existiésemos, sentiríamos una ira tan exacerbada, una desesperación y un dolor tan grandes, que, en comparación, el daño físico sería casi una liberación. Los nuevos conocimientos de la neurobiología le han dado la razón. De lo dicho podemos concluir que la exclusión de un grupo y el rechazo a través de otras personas constituyen poderosos desencadenantes de la agresividad.[71] Y también que a la mayoría de nosotros nos gusta ser admirados y respetados, pero sobre todo ser aceptados y queridos.

Sentido de pertenencia

El sentido de pertenencia es algo tan natural del ser humano que todos lo desarrollamos desde nuestros primeros momentos de vida. Nada más nacer, ya nos encontramos en el seno de una familia, que será el primer grupo social del que formamos parte. La unidad familiar es clave para nuestro desarrollo y supervivencia. Es en el hogar donde conocemos por primera vez lo que

71   Joachim Bauer, o.c., 2013, pp. 58-61.

significa pertenecer. A medida que crecemos, buscamos encontrar ese sentimiento en otros grupos, como los amigos o compañeros.

Cuando a los niños se les ve tan solo como objetos de nuestras expectativas fácilmente pueden perder la motivación en sus quehaceres diarios. En este contexto es prioritario ayudarles a desarrollar el sentido de pertenencia, quererlos incondicionalmente, que sientan que forman parte de un grupo en una sociedad global, pero también ayudarles a desarrollar aptitudes como la empatía, la compasión, el altruismo, el agradecimiento o la generosidad, o que aprendan a tener muy presente el bienestar de los demás en la toma de decisiones.

Si nos sentimos aceptados, respetados y queridos es lógico que de las prolongaciones de nuestras neuronas salga «el abono necesario» para la segregación de lo que hemos acordado llamar «hormonas de la felicidad» y que nos ayudan a actuar más serenamente, y con más entusiasmo.

Saberse apreciado y querido en un mundo competitivo, así como el sentido de pertenencia de los trabajadores hacia la empresa, son factores tan valiosos que pueden llegar a marcar la diferencia con respecto a los competidores. Cuando un trabajador tiene sentido de pertenencia con respecto a su empresa, está dispuesto a defenderla, igual que a su equipo de trabajo, y a manifestar su adhesión de manera pública. Además, crecerá en autoestima, seguridad y motivación, ya que para cualquier persona es fundamental sentirse integrado en su entorno más cercano.

Epidemia de soledad

Un abogado que se dedique al derecho penal sabe muy bien que hasta los encarcelados más obstinados y endurecidos temen el confinamiento solitario. Los psiquiatras reconocen, por su parte, que un aislamiento social prolongado puede llevarlos a patologías muy dispares y a un incremento de la tasa de mortalidad. Algo de esto, aunque de modo analógico, hemos podido observar con motivo de los confinamientos de la pandemia de covid. Con el manejo de esta enfermedad hemos presenciado muchos casos de falta de empatía y de empujar a numerosos pacientes por la senda de la soledad.

Obviamente, aquí no nos referimos a esa buena soledad que nos ayuda a oxigenar nuestros pulmones buscando para ello la soledad en las cumbres alpinas o en medio de un paraje frondoso o en una habitación leyendo un buen libro u oyendo buena música. Aquí nos referimos a la soledad como enfermedad que favorece la aparición de otras enfermedades que pueden abarcar desde un simple catarro, una depresión o una demencia hasta otras tales como un infarto de miocardio, un derrame cerebral o un cáncer.

De acuerdo con el psiquiatra Manfred Spitzer, la soledad no es tan solo un síntoma de una enfermedad, sino que ella misma es una enfermedad.[72] Y al igual que

---

72 Manfred Spitzer, *Einsamkeit, Die unerkannte Krankheit. Schmerzhaft, ansteckend, tödlich*, Múnich, 2018, p. 9: «Einsamkeit ist nicht "nur" ein Symptom, d.h. ein Krankheitszeichen, sondern sie ist selbst eine Krankheit».

otras enfermedades, la soledad es dolorosa, contagiosa y potencialmente mortal, pero pertenece constitutivamente al ser humano, así como el envejecimiento también pertenece a nuestra naturaleza. En algún momento de nuestra vida nos damos más cuenta cabal de la finitud de nuestra vida en esta tierra. En nuestra juventud lo sabíamos de un modo «teórico», pero con el paso de los años de un modo más «práctico».

En los decenios pasados se ha esclarecido un buen número de nuevos conocimientos sobre las causas, consecuencias y mecanismos de la soledad, pero, como ocurre tantas veces, estos conocimientos todavía son poco conocidos. Son muchas las disciplinas que discuten la patología de la soledad. Desde la inmunología, la epidemiologia, la medicina psicosomática hasta la arquitectura, urbanismo, medicina social, genética o geriatría. Sin embargo, deberíamos prestarle más atención por ser más peligrosa que otras enfermedades mortales.

Uno de los efectos de la soledad es la producción de estrés. Y es precisamente a este nivel donde surge la pregunta imperiosa: ¿es posible enfermar por la influencia de nuestros pensamientos y vivencias emocionales? ¿Los fenómenos psíquicos repercuten sobre nuestra biología? ¿Nos pueden producir estrés?

Pero antes de nada, ¿en qué consiste el estrés? Si de repente no funciona el ascensor y no me queda más remedio que subir las escaleras andando, llegaremos agotados al piso correspondiente. Pero esto no es estrés, al contrario, con el ejercicio físico se reduce el estrés. Imaginémonos ahora que vamos paseando por el Bella Coola Valley de Canadá y de repente distinguimos una sombra grande que se mueve detrás de unas ramas de un árbol. Al detectar a un oso el cuerpo reacciona con un estrés agudo por el cual se activa un programa de emergencia que contribuye a que se segreguen las hormonas del estrés, que son, sobre todo, el cortisol, la adrenalina y la noradrenalina.

No es necesario que aparezca un oso para provocar una situación de estrés, todos conocemos la extraña sensación que nos invade ante una prueba difícil, un jefe que amenaza con despedirnos, un ser humano querido que nos abandona o expresa unas expectativas imposibles de satisfacer. Ante tales hechos es muy posible que se nos haga un «puño» en el estómago, se nos humedezcan las manos, nos dé taquicardia y nos sintamos impotentes, desamparados e indefensos. Notamos que nos ha sobrevenido algún factor amenazador que nos desequilibra y buscamos desesperadamente una estrategia de conducta que nos permita solucionar el problema y reconducir la situación. El cerebro reacciona entrando en una fase de alarma, que se transmite a las prolongaciones nerviosas del cuerpo. Cada uno de los órganos entiende enseguida la señal. Si nos valemos de una estrategia correcta que propicie la solución, la alarma deja de resonar. Gracias a una reacción controlada del estrés la situación vuelve a la armonía originaria. Nos sentimos aliviados y reconfortados, con la sensación de haber adquirido una nueva capacidad para entusiasmarnos e ilusionarnos.

Pero ¿qué ocurre cuando la situación se desborda? El cerebro entra en una alteración alarmante. Las hormonas del estrés provocan que se acelere el ritmo cardíaco, porque necesitamos el máximo de sangre para aportar más oxígeno y nutrientes a todos los órganos. Aumenta la respiración para que la sangre se oxigene lo antes y mejor posible. Las pupilas se dilatan, ya que necesitamos la mejor visión para «ver el peligro». Aumenta la presión sanguínea. Los vasos sanguíneos de los órganos más importantes se ensanchan para recibir más sangre, mientras que los más pequeños —aquellos que riegan orejas, nariz, manos...— se estrechan, ya que no son imprescindibles durante unos momentos, lo cual provoca que palidezcamos.

El miedo inicial se convierte en desesperación, impotencia, inutilidad, incapacidad, minusvalía, carencia, agotamiento. La reacción de estrés, que se extiende por el cuerpo, ya no se detiene, se ha vuelto incontrolable. Seguimos buscando una solución sin encontrarla, lo cual produce un estado de ansiedad, de cansancio y desánimo. Por la noche nos acostamos agotados, y, a la mañana siguiente, nos despertamos con la misma sensación de desasosiego: un estado extraño de intranquilidad y de parálisis.

La sensación inicial es el miedo que quizá hayamos podido detener con una buena estrategia, o con una mala, no lográndolo. Pero los cambios producidos tanto en el cerebro como en todo el cuerpo a través de estas situaciones de estrés —vencidas o no—, son totalmente diferentes. En el primer caso, al poder controlar la sobrecarga de estrés, el miedo se transforma en aliento, ánimo y vigor y, sobre todo, crece la confianza en las cosas que podemos hacer. Esa situación nos proporciona bienestar, alegría y felicidad. Pero ante la reacción de estrés desbocada, el miedo se transforma en ira y desesperación, la inseguridad inicial en incertidumbre y perplejidad. Nos sentimos míseros, descontentos e infelices y, además, disminuyen las defensas inmunológicas de nuestro organismo.

Lo que produce el estrés no son tanto las experiencias desagradables, sino más bien tener la sensación de impotencia e incapacidad ante esa situación. Si notamos que nos falta el control sobre nuestra vida estamos ante el estrés crónico que es precisamente el que con frecuencia se atribuye a personas que viven en soledad. Podemos superar el estrés crónico en unión con otras personas, contando con su ayuda. Recordemos que el cerebro es social y que, como dice Daniel Kahneman, galardonado en el año 2002 con el Premio Nobel de Economía, «los hombres, también hoy en día, pasan un 80 % de su tiempo en el que están despiertos, juntamente con otras personas». Pero si por el contrario llevamos una vida en soledad y no podemos o no queremos estar al corriente de las cosas interesantes de esta vida, optando más bien por una vida pasiva evitando los retos diarios, esta actitud nos conduciría fácilmente a enfermedades crónicas y a un aumento de la mortalidad.

Después de lo dicho fácilmente nos damos cuenta de que un buen directivo que aprecia de verdad a la gente con la que trabaja sabrá involucrarlos en la toma de decisiones y el trabajo en equipo será de mejor calidad. También la salud de los trabajadores cuyo jefe se preocupa de ellos será mucho mejor.[73]

---

73 *Ibidem*, p. 106.

Los buenos directivos no nacen: llegan a serlo a través de sus esfuerzos personales, a través de un largo proceso en el que van adquiriendo la difícil capacidad de moverse por motivos trascendentes, de sacrificar su propio egoísmo cuando nadie puede obligarles a ello.

Cuando nos consideramos capaces de dominar todos los problemas con nuestras únicas fuerzas, sin pedir jamás ayuda, afianzándonos tan solo en nuestros criterios y cayendo incluso en el orgullo, la sensación de perder el control nos recoloca, mostrándonos que hemos caído en un grave error. De este modo aprendemos que, por muy capaz que sea una persona, por muy individualista, necesitamos que los demás nos ayuden y, si son incapaces, al menos que nos acompañen, nos escuchen y comprendan, nos reconforten. El ser humano necesita no sentirse solo, saber que hay alguien a quien poder pedir consejo y consuelo. Entonces, el miedo desaparece y, con él, la reacción de estrés.

Aprender a vivir en armonía

Antes de finalizar este capítulo queremos dirigir nuestro foco de atención al contenido del concepto autogobierno, que ha sido motivo de estudio por muchos expertos en neurobiología, especialmente por Joachim Bauer,[74] y que está en la raíz de la serenidad y de la

---

74 Véase su libro *Selbststeuerung. Die Wiederentdeckung des freien Willens*, Múnich, 2015.

coherencia. Gracias al autogobierno somos capaces de alcanzar muchas cosas en la vida, sin él, casi nada. Un buen autogobierno está íntimamente relacionado con la salud y el bienestar de una persona.

De acuerdo con los psicólogos y expertos en investigación cerebral, podemos distinguir en el cerebro dos sistemas fundamentales que han de intervenir complementándose armónicamente. Por un lado, el denominado sistema basal, situado en la parte inferior del cerebro que actúa de abajo arriba (*bottom-up*), y que nos hace desear instintivamente una chuche, un dulce, un videojuego, un estímulo mediático o cualquier otra cosa que queremos de modo imperativo en determinados momentos, y todo ello sin reflexionar sobre esos deseos espontáneos y preceptivos. Por otro lado, está el sistema que actúa de arriba abajo (*top-down*), localizado en las redes neuronales del cerebro o corteza prefrontales, y que en caso de intervenir debidamente puede gobernar adecuadamente los diferentes impulsos del sistema basal. El niño está capacitado, por lo general a partir de los dos años, para poco a poco, ir aprendiendo a autogobernarse, es decir, para armonizar e integrar los diferentes estímulos procedentes de la parte basal del cerebro.

Lo que acabamos de decir no significa que haya que reprimir todos los impulsos que procedan del sistema basal, ni tampoco que haya que operar sobre los mismos adiestrándolos o supeditándolos como si fuéramos domadores en una jaula de animales. No se trata de reprimir nuestros instintos mediante un control ciego, sino de saber integrarlos positivamente en el contexto de la personalidad. La alegría de vivir y de saber disfrutar de las cosas buenas de la vida es esencial para nuestra salud. Por eso se entiende fácilmente que aquellas personas que saben autogobernarse, es decir, vivir en armonía consigo mismas, lleven una vida más lograda y, obviamente, no sufran tanto los diferentes miedos y depresiones que con tanta frecuencia amenazan e invaden a aquellos que no han desarrollado dicha capacidad. La neurobiología nos dice claramente que gozamos más de la verdadera felicidad si alcanzamos un mayor gobierno sobre nosotros mismos.

Como han podido demostrar detalladamente diversos estudios neurobiológicos, los niños tan solo podrán alcanzar un buen desarrollo de su cerebro si los padres y educadores consiguen guiarlos, como si discurrieran por un plano inclinado, hacia la consecución y el gozo de un autogobierno más logrado. Dicho de otro modo, los padres dañarían a sus hijos si siempre ceden ante sus peticiones caprichosas, procedentes por lo general de los deseos espontáneos del sistema basal. Los buenos padres y educadores, en cambio, saben dar consejos excelentes a los niños, ya que identifican y transmiten con claridad el sentido de las actuaciones de aquellos, sopesando con prudencia sus diferentes edades y capacidades de asimilación.

A finales de los años sesenta del siglo pasado se fue desarrollando lo que después sería el famoso test de la golosina[75] en el que un niño recibe una golosina y una

---

75   Walter Mischel, *El test de la golosina. Cómo entender y manejar el autocontrol*, Barcelona, 2015.

instrucción clara: se la puede comer de inmediato, o esperar cinco minutos y comerse dos. ¿Qué hará? ¿Y qué indica su decisión acerca de su futuro? Este sencillo experimento, ideado por el legendario psicólogo Walter Mischel, que ocupó durante muchos años la cátedra Robert Johnston Niven en la Facultad de Psicología de la Universidad de Columbia, supuso una auténtica revolución y lo convirtió en el primer experto mundial sobre autogobierno. Mischel ha demostrado que la capacidad de aplazar la recompensa es fundamental para una vida exitosa, y produce mejores resultados académicos, mejores funciones cognitivas y sociales, un estilo de vida más saludable y una mayor autoestima.

— 10 —

EL BIEN ÉTICO NOS HACE FELICES

El único símbolo de superioridad que conozco es la bondad.

Ludwig van Beethoven

La felicidad y el bien están inseparablemente unidos

En este último capítulo queremos señalar que, aunque las reflexiones que nos aportan los nuevos conocimientos de la genética y de la neurobiología requieren atención y concentración, no obstante, vale la pena comprenderlas porque nos ayudan a entender mejor lo que hemos de hacer para llevar una vida lograda. Llegamos una vez más a la conclusión de que la felicidad y el bien están inseparablemente unidos. Juntos forman un binomio alrededor del cual gira una vida lograda.

Podemos afirmar que el buen directivo, la buena madre, el buen médico, la buena enfermera, el buen carpintero, cualquier persona responsable que se proponga hacer el bien, sabrá disfrutar más de la vida por no dejarse seducir por los numerosos caminos de distracción.

Sabrá poner entre paréntesis sus propios intereses para buscar el bien de los que le rodean, es feliz y hace felices a los demás.

Es preciso subrayar que la felicidad hunde sus raíces en el deseo efectivo de procurar el bien ético no considerado solo en sus dimensiones parciales, sino en su totalidad. Dicho de otro modo: llevaré una vida feliz si ejerzo mi libertad en todo momento buscando solo el bien ético con rectitud de intención. Únicamente de ese modo gozaré de aquella libertad interior que nadie me podrá sustraer. La exigencia de la verdad en lo que se refiere a la búsqueda del bien, lejos de disminuir la libertad, actúa como condición necesaria para que esta se desarrolle, y muy especialmente en todo lo que atañe a la formación y al crecimiento del amor. Y es precisamente esta actitud que también podemos llamar prosocial y eudaimónica la que favorece la actuación de lo que simbólicamente podríamos llamar genes mágicos que favorecen nuestra salud.

En la medida en que el hombre se esfuerza en conocer y hacer el bien, más libre se va haciendo y más goza del señorío del autogobierno. Como consecuencia de ello disfruta también de la felicidad de poder abrirse a los demás, pues se hace capaz en mayor grado de salir de sí mismo hacia el conocimiento del otro y hacia el amor. Podemos incluso decir que nuestra autorrealización más profunda consiste en ayudar a los demás a ser ellos mismos y a que encuentren su propio camino. Y todo esto hemos tratado de explicarlo al hablar de las bases genéticas y neurobiológicas del ser humano.

Toda decisión libre tiene consecuencias de carácter moral. Víctor Frankl solía decir a sus oyentes estadounidenses que la Estatua de la Libertad, en la costa este, necesitaba un complemento: una Estatua de la Responsabilidad en la costa oeste. Es la vida la que nos interpela a nosotros, y nuestra respuesta consiste en asumir nuestra responsabilidad personal y en realizar las tareas que la vida misma en cada momento nos depara. La elección del mal es un abuso irresponsable de la libertad y conduce, tarde o temprano, a la depravación e, incluso, a ser esclavo de las adicciones que aherrojan a quienes actúan de este modo, que acaban por convertirse en una amenaza para los que de ellos dependen. Pero más aún y en esto hemos insistido con denuedo, dejarse llevar por la mentira y por el mal, por una vida sin escrúpulos y sin límites, hace que nuestros genes de riesgo sean más activos.

En los últimos años hemos presenciado, con motivo de la creciente globalización, cómo los ideales de progreso, cuando la confianza se deposita en personas egoístas y mezquinas, sin grandeza de ánimo ni responsabilidad por el bien común, pueden llegar a concretarse en situaciones tan inquietantes como dramáticas. Si el progreso técnico no se corresponde con una mejora en la formación ética del hombre, con el crecimiento del hombre interior, entonces se convierte en una amenaza para todos. No es algo nuevo. Recordemos las experiencias que hubieron de vivir diferentes personas bajo regímenes totalitarios, maquinarias de poder movidas por la mentira y de las que uno tan solo podía zafarse adoptando la consigna de «no mentir jamás», de no meter nunca los dedos en los engranajes de la mentira. En tal situación, quedaba claro que la fidelidad a la verdad era condición necesaria para la libertad. La menor concesión a la mentira conducía inevitablemente a someterse al chantaje. Mantenerse en la verdadera paz que da la libertad interior, consecuencia a su vez de no dejarse manipular por falsedades y por actuaciones corrompidas de raíz, era lo mismo que salvaguardar la dignidad humana.

El imperio del *homo oeconomicus* no lleva a la felicidad

El *homo oeconomicus* se mueve exclusivamente por su interés personal y calcula y pondera las posibilidades con total racionalidad para conseguir su propia prosperidad. El imperio del mundo de las finanzas y de la economía, la aplicación de las leyes del mercado al actuar humano hace que muchos se dejen dominar por el *homo oeconomicus*, cuya única ambición es la de acumular dinero y poder, ahogando para ello el espíritu. El insaciable afán de lucro y de poder es un mal que envilece y que irremisiblemente nos lleva a una visión exclusivamente material de la vida. Esta visión reducida de la vida afecta al ser humano en su totalidad y acaba por hacerle cada vez más insensible a los verdaderos problemas existenciales de la humanidad.

Si la lógica del mercado no se somete a la moral, la economía degenera en crematística que se caracteriza por una forma de adquisición que no conoce límites, lo cual comporta un casarse con el dinero. Al desaparecer el plano antropológico se piensa solo en la producción. Al final, ese productivismo sin término acaba desatándose contra el ser humano, haciéndole experimentar no solo la amarga experiencia de la alienación, de su vaciamiento interior, sino también la creciente amenaza de su insostenibilidad y descontrol. La lógica del mercado actuaría sin restricciones, lo cual generaría injusticias morales que podemos observar de un modo dramático en aquellos países cuyos gobiernos están regidos por personas sumamente acaudaladas, lo que se conoce con el nombre de «plutocracia».

En el campo de los avances científicos y tecnológicos, estamos presenciando grandes abismos a los que fácilmente podemos llegar por impulsar su desarrollo sin reflexionar sobre el avance moral en paralelo[76]. Un sinfín de amenazas ponen en peligro la vida de millones de personas. Basta con pensar en las diferentes guerras que han surgido en este nuevo siglo y con ellas la producción de armas de destrucción masiva que en el siglo pasado se llegaron a utilizar de forma puntual contra la humanidad.

---

76   Markus Gabriel, *Ética para tiempos oscuros. Valores universales para el siglo XXI*, Barcelona, 2021, pg. 23.

Los estragos del posmodernismo

A todos estos peligros, confusiones y situaciones de malestar se añaden numerosas opiniones ideologizadas que nos quieren convencer de que «no hay hechos, solo interpretaciones». Nos encontramos en medio de una «cultura posmoderna» en la que toda argumentación moral que haga referencia a un sentido universal de verdad, de bien, de belleza, es rechazada sin contemplaciones. Los posmodernistas afirman que cada individuo posee su verdad, su bien y su estética.

Ante semejante paisaje cultural, el ser humano contemporáneo puede experimentar la propia libertad no como goce sino como desorientación. Una persona que está en el desierto puede ir en cualquier dirección; está libre, en el sentido de no estar ligada. Pero no percibe su situación como libertad, porque no sabe a dónde dirigirse. Una libertad que no tiene verdad, dirección, mapa, carece de sentido; y no se experimenta como libertad. Cuando uno está en una embarcación en el mar y hace buen tiempo, el viento es sereno y la visibilidad alta, el faro es un edificio más en la costa y ni se le presta atención. Pero, cuando está oscuro, hay tormenta y no se sabe a dónde ir, el faro es entonces la salvación, porque lleva a puerto. A nadie se le ocurriría pensar que el faro le priva de su libertad: al contrario, da sentido a la libertad. La torre de control en un aeropuerto, que indica al piloto dónde aterrizar, tampoco le quita a este la libertad. Al contrario, le ayuda a usarla bien.

Pero ¿qué ocurre si niego los hechos? O, peor aún, ¿si introduzco comillas en las diferentes realidades? La confusión generalizada provoca un profundo desconcierto y se extiende a más gente todavía. La verdad se convierte en «verdad», la objetividad se convierte en «objetividad», la justicia en «justicia», la realidad en «realidad», etc. Con la comillización fácilmente se llega a la opinión posmoderna según la cual la verdad y la realidad no existen.[77] Muchos están incluso dispuestos a aceptar estas construcciones mentales transformándose para ello en teóricos irónicos que, así dicen, evitan ser fanáticos y si alguien pretende quitar las comillas estaría ejerciendo un acto de inaceptable violencia.

El peligro del interés del más fuerte

El escepticismo y el adiós a la verdad ha permitido que hayan aparecido estructuras mentales que defienden que «la razón del más fuerte es siempre la mejor» y, descargados del peso de lo real, quieren ellos mismos fabricar nuestro mundo.[78] El filósofo Jürgen Habermas ha descrito la transformación de la opinión pública en el mundo mediático de espacio de discusión en espacio de manipulación de las opiniones por parte de los detentores de los medios de comunicación de masas. Y esto ocurre sobre todo con la expresión «¿qué hay

---

77   Maurizio Ferraris, *Manifiesto del nuevo realismo*, Madrid, 2013, pp. 39-46.
78   *Ibidem*, p. 42.

de malo en ello?». Esta frase se presenta como un eficaz instrumento de prohibición del disenso para nivelar cualquier debate y evitar que realmente se vaya a las raíces de los problemas. En numerosos *talk-shaws* se prefiere mantener un ambiente superficial por no querer salir de la condición de cotilleo.

Este modo de actuar no es algo nuevo ya que es bien conocido que la primera persona que ha defendido de modo inequívoco y sin contemplaciones la ley del más fuerte ha sido el sofista Trasímaco y fue Platón quien describió su actitud en su obra *La república*. En el libro primero, Platón narra cómo Sócrates dialoga sobre el significado de la justicia con un tal Polemarco y su padre Céfalo hasta que de pronto irrumpe Trasímaco, quien dice que lo justo no es otra cosa que el interés del más fuerte, afirmando incluso que todo el mundo lo vería más ventajoso si no fuera por miedo al castigo. Por el contrario, Sócrates dice que el ser humano justo es aquel que no puede hacer mal a otro e identifica la justicia con la sabiduría y virtud, y la injusticia con la ignorancia y el vicio.

Después de lo dicho podemos constatar que hay mucha gente que piensa que para ser feliz bastaría con defender sus intereses personales. De este modo todo se reduciría a la defensa de los derechos del más fuerte o del más influyente en las redes sociales. El que recibe más *likes*, ese sería por lo tanto el más feliz. Lo cual implicaría que para ser feliz tendría que estar dependiendo constantemente de la opinión de otras personas. Para obtener su valor necesitaría, por lo tanto, una reafirmación constante. Una necesidad de sentirse validado tanto en lo personal como en lo social.

Disfrutar haciendo el bien

El progreso moral consiste en aprender a hacer el bien y hacerlo. No nos basta con hacer el bien, sino que queremos ser buenos, dándonos cuenta para ello, ¡de que el bueno no es el tonto! Pero no solo no es el tonto, sino que sabrá darle un sentido profundo a lo que lleva entre manos y sabrá disfrutar de la vida haciendo el bien. Queremos ser buenas personas y sabemos que la persona que se esfuerza por hacer el bien ha ido adquiriendo una connaturalidad con el bien.[79] Ha ido desarrollando la bondad independientemente del talento o del cargo que ostente. Es una persona sensible a los problemas de la sociedad, del mundo que la rodea.[80] No podemos tirar la toalla ante los descalabros humanos que tienen lugar a todos los niveles de la sociedad. Aspiramos a hacer el bien con soltura y sin rigideces.

Pero también es cierto que hemos de aprender a hacer el bien y para ello hemos de reflexionar sobre las preguntas que surgen como consecuencia de nuestro actuar humano y del actuar humano de los demás, tales como ¿qué debo hacer? y ¿qué modo de actuar es aquí y ahora el correcto? Estas son sin duda preguntas importantes de la ética y de la moral,

---

79 Alfred Sonnenfeld, *Liderazgo ético*, Sevilla, 2020, pp. 59-73.
80 En esta generación probablemente tendremos que arrepentirnos no tanto de las maldades que hace la gente mala, sino del abrumador silencio de las personas buenas por haberse hecho insensibles a los sufrimientos de muchas personas.

pero no dejan de ser posteriores por estar subordinadas a la pregunta primera y decisiva: ¿qué es el bien? Pues no se trata del deber por el deber, sino porque veo en lo que hago un bien y no tan solo un deber. Es decir, veo el bien como algo bueno y que por tanto he de hacerlo y, al hacerlo, me ennoblezco en la totalidad de mi ser.

¿Qué tipo de persona soy o en qué tipo de persona me convierto cuando hago esto o aquello, es decir, cuando me decido y lo elijo voluntariamente? ¿Qué quiero alcanzar, a qué apunta mi vida como un todo cuando hago u omito esta o aquella acción?

Adquirir lo bueno para mí presupone saber qué es ese bien. La pregunta ¿qué es lo verdaderamente bueno para mí? sigue siendo actual. Y es imposible que quiera el bien para los demás si no sé en qué consiste el bien para mí.

El logro de mi excelencia como persona no procede principalmente de acciones que se dirijan a modificar la realidad exterior; porque semejante producto permanece fuera de mí y no añade nada intrínseco a mi manera de ser. Las acciones que sí me añaden algo son de otro tipo: las que llamamos inmanentes porque me perfeccionarán como persona y potenciarán mis capacidades características. El concepto «moralmente bueno» se refiere a acciones que elijo intencionadamente, pero no solo en el horizonte sectorial de su eficiencia, sino en la medida en que me hacen bueno, pues afectan a toda mi persona.

La «obra» que resulta del obrar es uno mismo. Mis actuaciones, cada acto consciente, dejan una huella más o menos profunda según la intensidad del acto y su repetición. Si es una acción mala, esta puede convertirse, por repetición, en una mala costumbre, en un vicio. Cada cesión aumenta la debilidad y cada victoria la disminuye. Cada fracaso aumenta nuestra disgregación y nuestra incoherencia. Hasta tal punto que una historia de fracasos repetidos puede llegar a privarnos prácticamente de la libertad.

En algunos campos es muy patente, como sucede cuando se adquiere adicción a las drogas o al alcohol. En otros, no es tan aparatoso, pero también es real, como en el del que se acostumbra a vivir como un vago.

Pero no olvidemos que un vicio no es tan solo otro modo de utilizar mi facultad de decisión. El vicio es una depravación del hombre y de su libertad. Elegir y obrar mal no es un modo diferente de autorrealización, sino más bien una autodestrucción, un apartamiento del bien propio del hombre en tanto que hombre. Una persona que tiene una voluntad mala o injusta no es una persona que ve las cosas de otra manera, sino una persona que, por alejarse de la razón, cada vez ve menos.

Desde la perspectiva propia de la moral, las acciones morales son actos inmanentes que —además de producir efectos sobre otros sujetos de la acción— siempre influyen y modifican también al agente mismo. Por tanto, nuestras acciones intencionales nos convierten, según cómo ellas sean, en buenas o malas personas; y esto significa que, conforme a estas acciones intencionadas, seremos felices o no.

Lo correcto no siempre coincide con lo ético

Cuántas veces tenemos la experiencia de que las cosas no salen bien o de que, con el paso del tiempo, a medio o largo plazo, algo nos decepciona y no llegamos a comprender cómo pudo cautivarnos tanto. Si las cosas nos salen mal, malo; si nos salen bien, muchas veces nos defraudan y nos dejan insatisfechos.

Por ello, lo decisivo no es solo qué hacemos, sino cómo lo hacemos. Actuar tan solo en virtud de cálculos de bienes no hace a la persona buena ni sacia su voluntad y, por lo tanto, no la hace feliz.

Además, los cálculos de bienes, que según el utilitarismo hay que ponderar para conseguir el «mejor mundo posible», tan solo sirven para determinar lo correcto, pero no para actuar «bien» (con una actitud interior buena). La buena persona no es solo aquella que sigue una serie de preceptos, sino, sobre todo, el que, tomando decisiones en primera persona, actúa responsablemente bien. De nada le serviría al hombre hacer mejor al mundo entero si él mismo no se hiciese una buena persona.

La perspectiva de la ética aristotélica es la de la «primera persona», la del sujeto que actúa desde dentro del hombre, involucrándose en cada una de sus acciones. Es el que sabe vivir en primera persona la aventura de la vida sin dejarse arrastrar por el qué dirán.

Por el contrario, toda la tradición de la ética de la modernidad, sobre todo el utilitarismo, es una ética de la «tercera persona» que contempla desde fuera al hombre que actúa y esto quiere decir que, por más que una persona aborreciese matar, si actúa de acuerdo con criterios utilitaristas, estaría obligada a hacerlo, siempre y cuando de esa manera pudiese salvar la vida de otras diez personas y, de este modo, contribuir a la optimización del mundo.[81] En el caso de la ética de la tercera persona, se trata únicamente de ponderar las consecuencias. Esta ética contempla desde fuera al hombre que actúa, viendo en él un desinteresado productor de situaciones óptimas, independientemente de si esa persona vive ella misma en primera persona la justicia o no.

¡Al ser buenos haremos el bien con facilidad y veremos más!

Con frecuencia podemos observar cómo los pensamientos, deseos e imaginaciones que se ha forjado el *homo oeconomicus* al querer de modo obsesivo más riquezas, más éxito, más posesión material de bienes, lo llevan a cerrarse en sí mismo y acaba enfermando. En vez de abrirse y aprender a escuchar las señales que le envía su cuerpo prefiere seguir de modo exclusivo las imaginaciones que ha aprendido y adoptado de otras personas o que ha inventado él mismo. No vive tal y como debería para mantenerse sano, sino de acuerdo con sus ideas, también cuando estas lo llevan por caminos

---

81   Martin Rhonheimer, *Perspektive der Moral. Philosophische Grundlagen der Tugendethik*, Berlín, 2001, p. 50.

erráticos que lo hacen enfermar. De este modo tiene que adaptarse una y otra vez a las nuevas exigencias de la vida, y esto ocurre cada vez con mayor rapidez.

«Ánimo corazón, despídete para sanar»

Estas palabras, tomadas de la poesía «Escalones» fueron escritas en el año 1941 por el premio Nobel de Literatura Hermann Hesse. Allí describe la vida como un proceso en el que siempre se abre un nuevo horizonte para poder desarrollar nuevas posibilidades. Inicialmente Hermann Hesse había pensado titular esta poesía «Trascender», pero temía no ser comprendido con esta exhortación.[82] La figura del gran psiquiatra Víctor Frankl explica detenidamente lo que significa trascenderse y llega a la conclusión de que sin esta capacidad nos quedaríamos achatados. Saber vivir trascendiéndose es saber darle a mi vida una orientación por encima de mi yo. No quedarse en lo meramente material para ascender a lo espiritual y desde allí ver la realidad de la vida con buen humor, consiguiendo para ello una distancia saludable sobre nosotros mismos.

El antropólogo Arnold Gehlen nos dice que «el hombre no está encerrado, como el animal, en un mundo circundante. El hombre es libre del mundo circundante y está abierto al mundo. El espíritu le da el poder para

---

82   Gerald Hüther, o. c., 2021, pp. 165-172.

captar el mundo».[83] Gracias a nuestro conocimiento espiritual somos capaces de trabajar dando pleno sentido a nuestra labor. Si realizásemos nuestro trabajo con anteojeras, sin saber trascender lo meramente material y empírico, acabaríamos siendo sus esclavos. Trabajar con el único fin de cubrir necesidades materiales, o para llegar a ser como los que más tienen; trabajar, en fin, sin cultivar el espíritu, nos aleja de la verdad, la belleza y el bien. En este modelo de trabajo, no sería prioritario ni el hombre que lo realiza ni la labor que desempeña, tan solo su producción, el beneficio que podría aportar.

Pero volvamos a la frase final de la poesía «Escalones»: «Ánimo corazón, despídete para sanar». Con esta frase nos anima Hermann Hesse a despedirnos de ideas muy enraizadas en nuestra manera de pensar que no dejan de ser limitantes y que incluso pueden haberse convertido en cadenas por mantenernos aherrojados dentro de la zona de confort impidiendo que nos expongamos a nuevas rutas de pensamiento que nos permitirían desarrollarnos como personas. Estas ideas limitantes nos vuelven más propensos no solo a cometer errores, sino también a no ser capaces de reconocer aquellas señales que nos quieren hacer ver, o que a veces incluso nos gritan en nuestro interior, que la manera en la que estamos pensando no se ajusta bien a la realidad.

Cuántas veces ocurre que vemos nuestros pensamientos e imaginaciones como una parte inseparable de nuestro

---

83 Arnold Gehlen, *Der Mensch. Seine Natur und seine Stellung in der Welt*, Wiebelsheim, 2003, p. 17.

yo. Si alguien pone en duda o critica esas ideas que nos hemos forjado a lo largo de los años podemos considerarlo como un ataque a nuestra identidad. Es como si nos quisieran amputar un trozo de nuestro cuerpo. Siempre que nos llenamos de temor por pensar que nos tenemos que separar de algo que está muy unido a nuestro yo, se produce una alteración del control simpático y parasimpático del corazón. Con tal motivo notamos como si se nos «rompiese el corazón» ante el miedo de tener que despedirnos de ciertos pensamientos, sentimientos y acciones que hemos encerrado con candado y llave en nuestra mente.

Pero lo peor de estas imaginaciones es que son tóxicas y nos dificultan tremendamente disfrutar de la vida. Obviamente nadie nos puede obligar a despedirnos de ellas. Únicamente lo conseguiremos si nosotros mismos así lo deseamos. Hemos de sentir dentro de nosotros una necesidad imperiosa para liberarnos de esas imaginaciones que nos hemos forjado y que constituyen unas anteojeras que nos impiden gozar de un horizonte mucho más amplio.

Afortunadamente nuestro cerebro está construido de tal modo que durante toda la vida es capaz de destapar y hacernos ver y sentir la importancia de saciar dos necesidades fundamentales en nuestra vida que los autómatas y los robots no tienen. Por un lado, está la necesidad del vínculo o pertenencia y con ella el sentimiento de seguridad y protección y, por otro lado, la necesidad de autonomía y libertad.[84] Ambas se

---

84   Gerald Hüther, *Wege aus der Angst. Über die Kunst, die Unvorhersehbarkeit des Lebens anzunehmen*, Gotinga, 2020, pp. 122-127.

hacen sentir con mayor fuerza en caso de no conseguir satisfacerlas. Nos obligan a reflexionar sobre cómo poder saciarlas.

Ciertamente podemos reprimir una necesidad vital para poder llevar a cabo algo que nos hemos imaginado, pero, aunque el cerebro haya construido para ello unas redes neuronales inhibidoras, no obstante, la necesidad sigue en pie, no ha desaparecido. De este modo esa persona podrá pensar que para ser feliz tiene que actuar de acuerdo con ciertas ideas que se ha forjado en su cerebro, reprimiendo para ello sus verdaderas necesidades hasta que por fin caiga de su autosuficiencia para darse cuenta de que le vendría muy bien prestar un poco más de atención a sus verdaderas necesidades de cuerpo y de alma. A partir del «conócete a ti mismo» podremos detectar aquellas ideas que se han enraizado sobre todo en nuestra corteza prefrontal para abordarlas con humildad y paciencia y poder de este modo liberarnos de ellas. En cualquier biografía es muy común tener que dedicar tiempo a la catarsis o purificación para desprendernos de las representaciones mentales limitantes y salir reconfortados y nuevamente ilusionados por haber tenido el coraje de habernos sabido «despedir de ellas para sanar».

A MODO DE CONCLUSIÓN

Lo que pretendemos que quede claro con la lectura de estas páginas es tan sencillo como fundamental: vale la pena vivir con coherencia ética y coherencia neurobiológica, pues solo así seremos felices. Es decir, si llevamos una vida coherente, contribuiremos a que nuestros genes potencien un sano desarrollo cerebral.

Los genes no son ni egoístas ni autistas, no actúan independientemente del mundo exterior, no están encerrados con llave, sino que son comunicadores y cooperadores y actúan de acuerdo con nuestro estilo de vida, favoreciendo o perjudicando nuestra salud. Cuando nos ilusiona hacer que la vida de los demás sea agradable, cuando optamos una y otra vez por el bien, contribuimos a que nuestros genes produzcan, a través de las prolongaciones de las neuronas cerebrales y sus sinapsis, las hormonas de la felicidad. Cuando somos prosociales y optamos por una vida eudaimónica, favorecemos la actuación de nuestros genes —que podemos considerar mágicos—, para procurarnos una buena salud.

A lo largo de este libro hemos aludido a algunos de los valores humanos más importantes —entusiasmo, ilusión, alegría, paz, libertad interior, bondad, amistad, solidaridad, autenticidad, sencillez, paciencia, agradecimiento, humildad—, y hemos tratado de demostrar que el hombre ha de buscar permanentemente aquellos principios que enriquecen el espíritu y embargan el alma.

Una vida plena, en la que imperan dichos valores, nos aleja de los reduccionismos y la visión parcial sobre el ser humano que hoy domina nuestra sociedad. Al protegernos contra todo esto, al rechazarlo, apostamos por hacer realidad nuestros sueños y los de tantas personas que, sin decirlo, nos están pidiendo ayuda para que les mostremos cómo alcanzar la verdadera grandeza de ánimo, las metas que merecen la pena, los bienes que, aun arduos de conseguir, nos elevan. Es vital apuntar muy alto para agrandar el corazón y movernos con energía y entusiasmo.

En este viaje no estamos solos, y el ejemplo de muchas personas que han sabido ser magnánimas, que han vivido optando por el bien y los valores, influyendo así positivamente en su salud, nos acompaña. Recordemos, por ejemplo, al gigante de la literatura alemana Friedrich Schiller (1759-1805), quien con su idealismo y su gran entusiasmo contagió a las jóvenes generaciones representadas por Schelling, Hölderlin, Novalis y los hermanos Schlegel. Todos ellos junto con Fichte, Wilhelm von Humboldt y el joven Hegel, quedaron seducidos por la magia de Schiller, principalmente por su ideario estético, su amor a la libertad y su gran entusiasmo. La muerte le llegó el 9 de mayo de 1805 y, aunque se ha repetido que se debió a la tuberculosis, hasta hoy en día se desconoce la causa exacta. Lo que sí sabemos son las palabras que pronunció su médico tras su fallecimiento: «En estas condiciones resulta totalmente inverosímil cómo esta persona ha podido vivir tanto tiempo».[85]

Schiller intuyó, ya en su época, la profunda relación entre el cuerpo y el espíritu, y su actitud y modo de vida hicieron que su espíritu sostuviese en este mundo a un cuerpo que estaba totalmente desahuciado. Tanto es así que el famoso escritor alemán Johann Wolfgang von Goethe nos comenta en una carta escrita a Eckermann que cuando conoció a Friedrich Schiller «tenía el rostro del Crucificado. Me pareció un hombre que no viviría ni catorce días...». Schiller, a pesar de sus múltiples achaques de salud, aún daría a luz sus mejores dramas: *María Estuardo* (1801), *La doncella de Orleans* (1801), *La novia de Mesina* (1803) y *Guillermo Tell* (1804); fue un hombre que mantuvo una lucha constante contra la muerte, y cuya correspondencia con Goethe alcanzaría hasta 2000 cartas.[86]

La influencia que Schiller ejerció sobre las generaciones jóvenes de su época fue enorme, contribuyendo a que muchos cambiasen de perspectiva y generando en su entorno una gran energía espiritual. Con su empuje y su fuerza, creó para el mundo lo que los críticos han

---

85   En su informe menciona que sus pulmones estaban descompuestos, al corazón le faltaba toda la masa muscular y los riñones estaban deshechos.

86   Véase la biografía de Friedrich Schiller en la obra de Rüdiger Safranski, *Schiller oder die Erfindung des deutschen Idealismus*, Múnich, 2004. Versión española, *Schiller o La invención del idealismo alemán*, Barcelona, 2006.

denominado «idealismo alemán», movimiento que el gran compositor alemán Ludwig van Beethoven (1770-1827) sintetizó en la *Novena sinfonía*, cuyo último tiempo no es solo un himno a la alegría, sino también una invitación a la solidaridad de los hombres entre sí y con el creador, el «padre amoroso que debe habitar más allá de la bóveda celeste», como canta el coro, versionando el texto de Friedrich Schiller.

Varios siglos más tarde surgiría lo que hoy entendemos por medicina psicosomática, la influencia del cuerpo sobre el espíritu y del espíritu sobre el cuerpo, hasta llegar a la actualidad con los últimos avances científicos que nos demuestran que nuestros genes pueden contribuir a nuestra buena salud siempre y cuando nosotros optemos por una vida buena, la que hará que elijamos el bien cada mañana, que queramos hacer agradable la existencia de quienes nos rodean, que busquemos la verdad, sepamos admirar la belleza y avancemos para alcanzar la mejor versión de nosotros mismos.